T0122494

HETHITICA

Directeur scientifique:

René LEBRUN

Comité de Rédaction:

Emmanuel LAROCHE † (Paris) — Erich NEU (Bochum) — Yves DUHOUX et Guy JUCQUOIS (Louvain-la-Neuve) — Macej POPKO (Varsovie) — René LEBRUN (Paris, Louvain-la-Neuve)

BIBLIOTHÈQUE DES CAHIERS DE L'INSTITUT
DE LINGUISTIQUE DE LOUVAIN — 85

hethitica XIII

PEETERS
LOUVAIN-LA-NEUVE
1996

D. 1997/0602/7 ISSN 0779-1666 ISBN 90-6831-899-3 (Peeters Leuven)
ISBN 2-87723-319-7 (Peeters France)

© PEETERS et Publications Linguistiques de Louvain
Bondgenotenlaan 153
B-3000 Leuven

Printed in Belgium

Tous droits de reproduction, d'adaptation ou de traduction, par quelque procédé que ce soit, réservés pour tous pays sans l'autorisation écrite de l'éditeur ou de ses ayants droits.

BCILL 85 : *Hethitica XIII*, 5-12

UN COIN DE PHRYGIE À L'ÉPOQUE HITTITE CONTINUITÉ TOPONYMIQUE ET RELIGIEUSE

Massimo FORLANINI

L'inventaire religieux souvent étudié KBo II 1 (= *CTH* 509.1)[1] se réfère à un groupe de villes, dont plusieurs étaient liées au culte du mont divinisé Suwara. Les sections relatives à chaque ville y ont des longueurs différentes et là où elles auraient dû être trop longues ou riches en détail du rituel, on y trouve seulement un renvoi à une tablette spécialisée, concernant une seule ville. Cela est particulièrement clair à propos de Gursamassa, pour laquelle on y trouve un renvoi à un document qu'heureusement nous possédons, KUB XVII 35, d'ailleurs bien connu à cause de la description qu'il contient du combat rituel entre les hommes de Hatti et de Masa[2]. Mais il ne s'agit pas du seul cas démontrable : un fragment d'inventaire, KBo II 16, qui décrit le culte de la ville de Suranhapa, peut être soupçonné d'avoir eu une fonction analogue, et cela à cause du contexte géographique et religieux et du langage, même si le paragraphe de renvoi en KBo II 1 n'est plus conservé. Si l'on cherche parmi les autres inventaires ceux qui présentent des caractéristiques semblables, l'on tombe surtout sur KUB XXXVIII 32, dont les points de repère géographiques (Hartana dans le Ka/issija) nous amènent dans la même direction[3].

Les données principales de KBo II 1 concernant géographie et cultes peuvent être soumises au lecteur plus facilement en forme de tableau :

---

1 LAROCHE, *CTH* 509, avec bibliographie; H.G. GÜTERBOCK, *Belleten* VII-26, 1943, 303, note 23; H.Th. BOSSERT, *Asia*, Istanbul 1946, 45-46; C.W. CARTER, *Hittite Cult-Inventories*, dissertation, Chicago 1962, 51 ss. (transcription et traduction complète); pour les commentaires géographiques voir note 4 ci-dessous.

2 Cet épisode avait été traduit et commenté déjà par EHELOLF, *SPAW* 21, 1925, 269 ss.

3 Je pense surtout aux dieux ^{D}jarri et ^{D}VII.VII.BI (les Pléiades), qui paraissent dans les deux rituels (KUB XXXVIII 32 Ro 20-21 et KUB XVII 35 III 4). Hartana était un célèbre sanctuaire de Jarri et remontait à l'époque des colonies assyriennes (voir S. BAYRAM, dans *XI Türk Tarih Kongresi, Kongreye Sunulan Bildiriler* I, Ankara 1994, 215). Il se trouvait dans la région de Kassija, qui fut envahie par le peuple de Masa à l'époque de Suppiluliuma I.

Référence	Ville	Divinités	Notes
I 1-I 27	x	mont x, Jar]ri, ^{D}UTU, ^{D}LAMMA	superviseur : Jarapija
I 28-II 8	Marâs	Mont Suwara, *annis titaimmes*, ^{D}U	Takkussa
II 9-20	Suruwâ	mont Auwara, source Sinarasi, mont Suwara	Pijamatarauwa
II 21-31	Wattarwa	^{D}U	
II 32-39	Harsalassi	^{D}U, source Hapurijata	
II 40-45	Assaradda	^{D}U	Naddaura
III 1-6	Saruwalassi	^{D}U	
III 7-12	Parenta	^{D}U	
III 13-19	Harruwasa	mont Saluwanta	
III 20-25	Sarpaenta	^{D}U	Alluwa
III 26-33	Malijjassa	mont Suwara	
III 34-42	Da[x]wista	mont Suwara	
III 43-45	Gursamassa		renvoi à KUB XVII 35
IV 1-16	Sanantija	^{D}U	
IV 17-24	X	monts Suwara et Tarlipanta	
KUB XVII 35	Gursamassa	Jarri, VII.VII-BI	offrandes des villes : Mutarassi, Salunatassi, Sarwalassi, Lahinassi
KBo II 16 I 1-11	Suranhapa	fleuve Malija, Taparijassi, ZA-BABA, Pihammi, mont Suwara, Utijaunenzi, LAMMA.GAL, Hilassi	

Le mérite d'avoir compris la cohérence géographique toponymique et culturelle de cet inventaire doit être attribué à E. FORRER[4] : il montra que la ville de Sar(u)walassi, qui apparaît dans un paragraphe de KBo II 1, est parmi celles qui envoyent des offrandes pour le culte de Gursamassa (KUB XVII 35 IV 17), ou encore que le nom de la ville de Malijassa, où l'on adorait le mont Suwara, dérive de celui du fleuve Malija, vénéré, avec le Suwara, à Suranhapa. Il

4 Klio 30, 1937, 173 ss. Parmi les autres auteurs qui ont étudié ce texte au point de vue de la géographie : J. GARSTANG/O.R. GURNEY, *The Geography of the Hittite Empire*, London 1959, 108-109; J. FREU, *Luwiya, géographie historique des provinces méridionales de l'Empire Hittite,* Centre des Recherches Comparatives sur les Langues de la Méditerranée Ancienne, Doc. n° 6, Nice 1980, 276-277. J'ai touché ce thème dans : *SMEA* 18, 1977, 219, 223; *Atlante Storico del Vicino Oriente Antico*, Fasc. 4.3, Anatolia, l'Impero Hittita, Roma 1986, commento alla Tav. XVI (7).

remarqua aussi que, soit le combat rituel qui se tenait à Gursamassa, soit la présence dans l'inventaire de la ville d'Assaratta, nous amènent à la frontière entre le Hatti et Masa et que la ville de Marâs doit être identique à celle de Marasa, qui apparaît dans le récit de Madduwatta dans un contexte qui comprend la région entre le Sijanti et Pitassa, proche donc du pays de Mira, comme nous le connaissons à l'époque de Suppiluliuma I et Mursili II, et qui à son tour confinait justement au Hatti et au Masa[5].

Mais nous pouvons développer encore ce genre de constatations : puisque les villes de cet inventaire sont à localiser dans la région à la frontière de Masa et de Mira, comme nous avons vu, on peut comparer le nom du mont Auwara, divinité de Suruwa, au nom de la forteresse de Aura à la frontière de Mira[6] à l'époque du traité Mursili II-Kupanta-KAL et la ville même de Suruwa à Sarawa, une forteresse du pays de Mira[7]. J'ai déjà écrit à propos de Da[x]wista, qui serait proche de Parduwata et Sallapa, le grand centre stratégique hittite en direction de Mira et Pitassa[8], tandis que Wattarwa, même s'il s'agit d'un toponyme banal et certainement répandu en Anatolie, a *a priori* quelque chance d'être une ville de la vallée du Hulana, mentionnée dans le décret de Sahurunuwa[9], située donc dans ce territoire du nord-ouest, première cible des attaques des Masa dirigées vers le centre de l'Empire.

Mais la toponymie nous permet aussi d'autres considérations : le nom de Suranhapa, une ville près du mont Suwara, est facilement analysable en *Su(wa)ran-hapa "rivière du Suwara"[10]; on peut penser en plus que le fleuve Malija, qui passait près d'elle, touchait aussi Malijassa.

Tout nous amène donc vers le coin nord-occidental du territoire hittite qui, soit par l'archéologie, soit par ma reconstruction générale de la géographie hittite, se localise au nord d'Afyon Karahissar[11].

La région dont je parle correspond au centre de la Phrygie classique, où est située la célèbre "ville de Midas" avec ses monuments rupestres remontant même à l'âge hittite[12], près du site ancien de Metropolis, aujourd'hui Kümbet, et

---

5 Maras(a) doit avant tout être distinguée de la ville de Marassa située au nord, entre le fleuve Kummesmaha et Marista, c'est-à-dire près du Yeşil Irmak entre Turhal et Tokat : DEL MONTE, *Répertoire Géographique des Textes Cunéiformes* 6, TAVO BH B 7/6, Wiesbaden 1978, 261. Pour la position de cette deuxième Marassa v. : FORLANINI, RIL 125, 1991, 307 carta 1.

6 Avec J. FREU, *Luwiya*, 277, qui lit Kuruwa à la place de Suruwa.

7 Pour une survivance du toponyme Sarawa on pourrait penser à Σαρουα, un village près de Synnada (L. ZGUSTA, *Kleinasiatische Ortsnamen*, Heidelberg 1984, 545 § 1173-1).

8 *VO* 7, 1988, 153 note 112.

9 Voir aussi J. FREU, *Luwiya*, 276.

10 O. CARRUBA, *Das Beschwörungsritual für die Göttin Wišurijanza, StBoT* 2, Wiesbaden 1966, 8 note 2, classe ce nom parmi les toponymes composés avec *-hapa*. Pour la forme en *-n, Suran-*, voir aussi le nom de la ville de Harpanhila, de *harpa* "colline" et *hila* "cour".

11 V. note 4 ci-dessus.

12 V. E. LAROCHE, *Acta Mycenaea* (5e Colloque d'Études Mycéniennes, Salamanque 1970) 1972, 120, avec bibliographie et les travaux de H. GONNET sur les sanctuaires rupestres de la région.

du mont sacré, qui aujourd'hui s'appelle Türkmendağ. Près de Metropolis, le village de Μέλισσα[13], où fut tué Alcibiade, gardait probablement encore son nom anatolien Malijassa, déguisé superficiellement en mot grec, tandis que à Soğut Yaylası, un sanctuaire au coeur de la grande montagne sacrée, survivait le culte d'un Ζεὺς Συρεανός, que je considère comme l'héritier du dieu de la montagne Suwara[14].

Le fleuve qui coule entre Malijassa et les contreforts du Suwara, le Malija, devait donc correspondre au Seyit Su, le Παρθένιος des inscriptions de Nacolea; il s'agit là d'une simple transposition grecque du nom de la déesse/nymphe Malija du panthéon anatolien[15]. Sur le côté nord de la montagne se trouvait à l'époque classique, près de l'actuel Avdan, le village des Κοροσεανοί qui peut remonter au hittite Harruwasa[16].

La ville de Wattarwa, "les Sources" en hittite, portait un nom qui devait être fréquent; on connaît une Wattarwa dans la vallée du Hulana, nommée dans le décret de Sahurunuwa avec un autre village : Wanza[17]. Ce village à son tour peut correspondre à Ουέζα, un centre proche des actuels Avdan et Süpü Ören immédiatement au nord du Türkmendağ et pas loin du cours du Porsuk Çay, que j'identifie au Hulana[18]. Dans ce cas on pourrait localiser Wattarwa près de l'actuelle Eskişehir (Dorylaeum) à une vingtaine de km plus au nord et sur le cours du Porsuk, connue par ses sources thermales[19].

Les noms des quatre villages – ou des quatre peuplades – qui envoyaient des offrandes à Gursamassa terminent en *-assis*, la forme du génitif adjectival louvite; deux noms sont basés sur des racines que l'on retrouve dans la toponymie d'époque classique; *Mutara-* est à l'origine du Μόδρα et *Lahina-* de Λαγ(ε)ινα; ce dernier, répandu peut-être aussi sous la forme Legna/Lagania, est connu dans notre région : une pierre près de Beyören porte l'inscription ΟΡΟΣ ΛΑΓΙΝΩΝ[20], et cette Lagina devait se trouver seulement à 40 km à l'est de Metropolis. Pour Salunatassi il y a un rapprochement beaucoup plus douteux

---

13 Pour sa localisation voir L. ROBERT, *À travers l'Asie Mineure*, Paris 1980, 258 sv. Il faut le chercher, suivant Athénée, sur la route entre Synnada et Metropolis dans un endroit boisé; à savoir probablement entre Ayazını et Kümbet.

14 ZGUSTA, *Kleinasiatische Ortsnamen*, 591 (§ 1271) suppose apparemment un toponyme *Σύρα, parce qu'il compare cet ethnique avec un autre toponyme connu, Σύρα. Dans la graphie hittite *u* et *uwa* sont équivalents.

15 Pour le caractère et la fonction de cette divinité : R. LEBRUN, *Studia Paulo Naster oblata* II, Louvain 1982, 123-130; *Kernos* 2, 1989, 83-85.

16 Pour Κοροσα : L. ZGUSTA, *Kleinasiatische Ortsnamen*, 291 (§ 588). Passage de H- à K- régulier comme dans Hubisna (hittite)/κύβιστρα (d'une forme louvite/*Hubisra/).

17 F. IMPARATI, *RHA* XXXII, 1974, 26-27, 83. V. aussi J. FREU, *Hethitica* 8, 1987, 143.

18 Il faut signaler aussi Ουαζα près de Başara, au sud du Sangarius (L. ZGUSTA, *Kleinasiatische Ortsnamen*, s.v.). Ce toponyme paraît donc diffusé autour de la région en étude.

19 La ville ancienne se trouve ensevelie sous le tertre de Şarhüyük et son nom Δορύλαιον remonte à l'époque phrygienne; les sources chaudes se trouvent au centre de la ville actuelle: V. entre autres : K. BELKE/N. MERSICH, *Phrygien und Pisidien*, TIB 7, Wien 1990, 241.

20 Th. DREW BEAR, *AST* IX (Çanakkale 1991), Ankara 1992, 166-167.

avec le nom de la région Σα΄λων autour de l'actuelle Bolu en Bithynie[21], tandis que pour Saruwalassi on peut penser à Σα΄ρβαλα[22]. Il est intéressant à ce propos de remarquer que les deux premiers noms paraissent aussi dans les inscriptions paléophrygiennes, l'un dans le "titre" *modrovanak*[23], l'autre dans les noms propres *lagineia/lagineos*[24].

Si nous retrouvons la survivance à l'époque classique du Tarhunt du Suwara, ou d'autres dieux de l'orage locaux, et, au moins dans la toponymie, de la déesse Malija, il y a une déesse mère locale, la phrygienne Angdissis, qui peut-être remonte, au moins par sa fonction, à l'*annis titaimmes* (la "mère [avec le] nourrisson" en louvite) représentée si bien dans notre inventaire pour la ville de Maras[25]. Mais si cette ville est la seule dans notre inventaire à posséder cette idole, nous pouvons risquer peut-être d'y voir le nom hittite de Yazılı Kaya, ou "Ville de Midas", connue sous le nom de Metropolis (à l'époque hellénistique la

---

21 Strabon, XII, 4, 7.

22 Voir ZGUSTA, *Kleinasiatische Ortsnamen*, § 1166, 541. Le même personnage portait les ethniques Sarbaleis et Saloudeus, ce dernier se référant à la ville de Salouda de Phrygie, qui remonte à un toponyme anatolien répandu, **Saluwa(n)da*, voir le mont Saluwanda et le village de Saluwatassi de notre inventaire. Le Sarbalaeis de l'inscription – surmontée par une Πότνια θηρῶν – vue par RAMSAY à Kabalar (W.M. RAMSAY, *Asianic Elements in Greek Civilisation*, London 1928, 198 ss.) devrait en effet être un ethnique et non un nom propre en accord avec L. ZGUSTA, *Kleinasiatische Personennamen*, Prague 1964, 456 (§ 1373). La représentation d'un /v/ par un β est normale en Anatolie comme effet du phénomène connu de la spirantisation des sonores (v. C. BRIXHE, *Essai sur le Grec Anatolien au début de notre ère*, Nancy 1984, 39).

23 BRIXHE, *Corpus des Inscriptions Paléo-phrygiennes* (*CIP*), Paris 1984, 21-23 (inscription M-24 de la "Ville de Midas"/Yazılıkaya). L'interprétation vraisemblable du terme est donnée par G. NEUMANN, *EA* 8, 1986, 52, et *Phrygisch und Griechisch*, Sitzungsberichte der ÖAW, 499. Band, Wien 1988, 8-9 : "Fürst der Stadt *Modra* oder *Modroi*"; voir aussi L.S. BAJUN, V.E. OREL, *VDI* 184, 1988, 180. Si la première partie du nom n'était pas un toponyme (voir BRIXHE, *ibidem*) on aurait là un nom commun phrygien et son dérivé toponymique pourrait même constituer un indice de la présence d'une langue "protophrygienne" dans notre région à l'âge du bronze !

24 C. BRIXHE, *Corpus des Inscriptions Paléo-phrygiennes*, 103-104 (G-110) et 212-213 (G-276).

25 La ville est mentionnée dans le texte de Madduwatta, v. note 5 ci-dessus. Nous la retrouvons aussi dans le fragment KUB XLVIII 91, dont le contexte se réfère aux activités de Hanutti, que l'on connaît surtout pour sa victoire sur Lalanda et Hapalla à la mort de Suppiluliuma I. Il s'agit probablement des mêmes événements mentionnés dans le Vo de la lettre d'un Tuthalija à la reine, KUB XIX 23 (transcription, traduction et étude : A. HAGENBUCHNER, *die Korrespondenz der Hethiter*, Teil 2, THeth 16, Heidelberg 1989, n° 18, 27-29); cet épisode est référé par S. HEINHOLD-KRAHMER, *Arzawa*, THeth 8, Heidelberg 1977, 248, au siècle suivant; elle considérait les parallélismes avec la fin du règne de Suppiluliuma "wohl rein zufalliger Art", et cela ne me semble absolument pas assuré. Lalanda a été identifiée à Λαλάνδος, près du village actuel de Göme, 35 km au sud-est de la Ville de Midas (avec GARSTANG/GURNEY, *o.c.*, 99-100; repris par FORLANINI, *SMEA* 18, 222); pour Λαλάνδος v. L. ZGUSTA, *Kleinasiatische Ortsnamen*, 327 § 679-1).

ville se déplaça au site voisin de Kümbet), ville de la "Mère"[26]; et en effet nous avons recherché tous les autres toponymes dans la même région.

Il faut remarquer que ces survivances de l'âge hittite en pays phrygien n'ont rien de singulier dans cette région, où la superposition d'un peuple d'origine balkanique sur une population de base louvite a dû se faire par un processus graduel à la suite de plusieurs vagues similaires, comme celle des Masa, documentées dès l'époque impériale et dans une inscription post-impériale du roi Hartapus[27]. On trouve en effet des noms louvites dans les inscriptions phrygiennes de Gordion[28] et d'ailleurs.

Mais il faut encore remarquer la grande homogénéité linguistique entre le centre du monde hittite autour de Kaniš et ce coin de Phrygie : par exemple, le village de Masika que nous connaissons par une inscription grecque d'Avdan[29] porte le même nom qu'un village qui, quinze siècles avant, dépendait de Kaniš, et qui probablement est devenu Mazaka/Césarée de Cappadoce[30]. On peut mentionner aussi Saluwanda, autre toponyme connu dans la région centrale et d'autres encore.

Ce lien culturel entre la région d'Eskişehir et le Hatti central, démontré par la toponymie, ne peut qu'être confirmé par les résultats de la recherche archéologique[31].

On peut conclure que le passage de l'âge hittite à l'âge phrygien n'a pas coupé la continuité toponymique et religieuse de cette région et cela s'explique bien si l'on suppose que les paléophrygiens étaient depuis longtemps en contact avec le monde hittite; en effet, il y en a qui nient l'existence d'une "invasion" phrygienne après la fin de l'âge du bronze.

Si l'on suppose que des peuples appartenant au groupe linguistique gréco-phrygien puissent paraître dans les textes hittites, les candidats les plus probables sont les Masa ("les sauterelles") et les Arawanna ("les libres"), qui portent des noms qui leur ont été donnés par les Hittites mêmes et qui doivent cacher des noms indigènes; ces peuples ont envahi la vallée du Hulana jusqu'au

---

[26] L. ROBERT, *o.c.*, 266 ss. Pour le culte de la "Mère" (Angdistis) en Phrygie voir surtout C.H. Emilie HASPELS, *The Highlands of Phrygia*, Princeton 1971, 199 ss. Sur la Déesse et ses épithètes géographiques voir aussi M. VASILEVA, *VDI* 194, 1990,94-101.

[27] V. M. POETTO, *L'iscrizione luvio-geroglifica di Yalburt, StMed* 8, Pavie 1993, 48 note 103.

[28] Voir par exemple Tuvatis ou Guvatis, C. BRIXHE/M. LEJEUNE, *Corpus des Inscriptions Paléo-phrygiennes,* I, Paris 1984, 122 (G-133), et peut-être Ουεναυια, nom connu par des inscriptions grecques de Phrygie (L. ZGUSTA, *Kleinasiatische Personennamen*, Prague 1964, 396 § 1153-3); sans considérer les noms dynastiques phrygiens Midas et Gordion qui ont, comme on le sait bien, des parallèles dans les textes hittites impériaux (Mida de Pahhuwa) ou dans les monuments hiéroglyphiques du I[e] millénaire (Kurtis).
Pour l'aspect archéologique de cette continuité à Gordion v. R.S. YOUNG, *AJA* 70, 1966, 276 et G.K. SAMS, *Source* VII-3-4, 1988, 9-15.

[29] L. ZGUSTA, *Kleinasiatische Ortsnamen*, 372 § 785.

[30] FORLANINI, dans *Hittite and Other Anatolian and Near Eastern Studies in Honour of Sedat Alp*, Ankara 1992, 174.

[31] Voir entre autres C.A. BURNEY, *AnatSt* 6, 1956, 191.

Kissija, dans la région d'Ankara, dès le règne de Suppiluliuma I et ont donné parfois des mercenaires à l'Empire. Après la chute du Hatti nous trouvons les Masa en guerre contre Hartapus, probablement un successeur des rois du Tarhundassa; le théâtre de cette guerre ne peut avoir été autre que la plaine de Konya. L'extension du pouvoir des Masa vers l'Anatolie centrale aurait précédé donc la constitution de l'état phrygien de Midas, que nous connaissons par la littérature classique, les archives assyriennes et les monuments archéologiques.

Adresse de l'auteur :

Via C. Monteverdi, 5
I-20131 Milano
Italie

"Un coin de Phrygie"

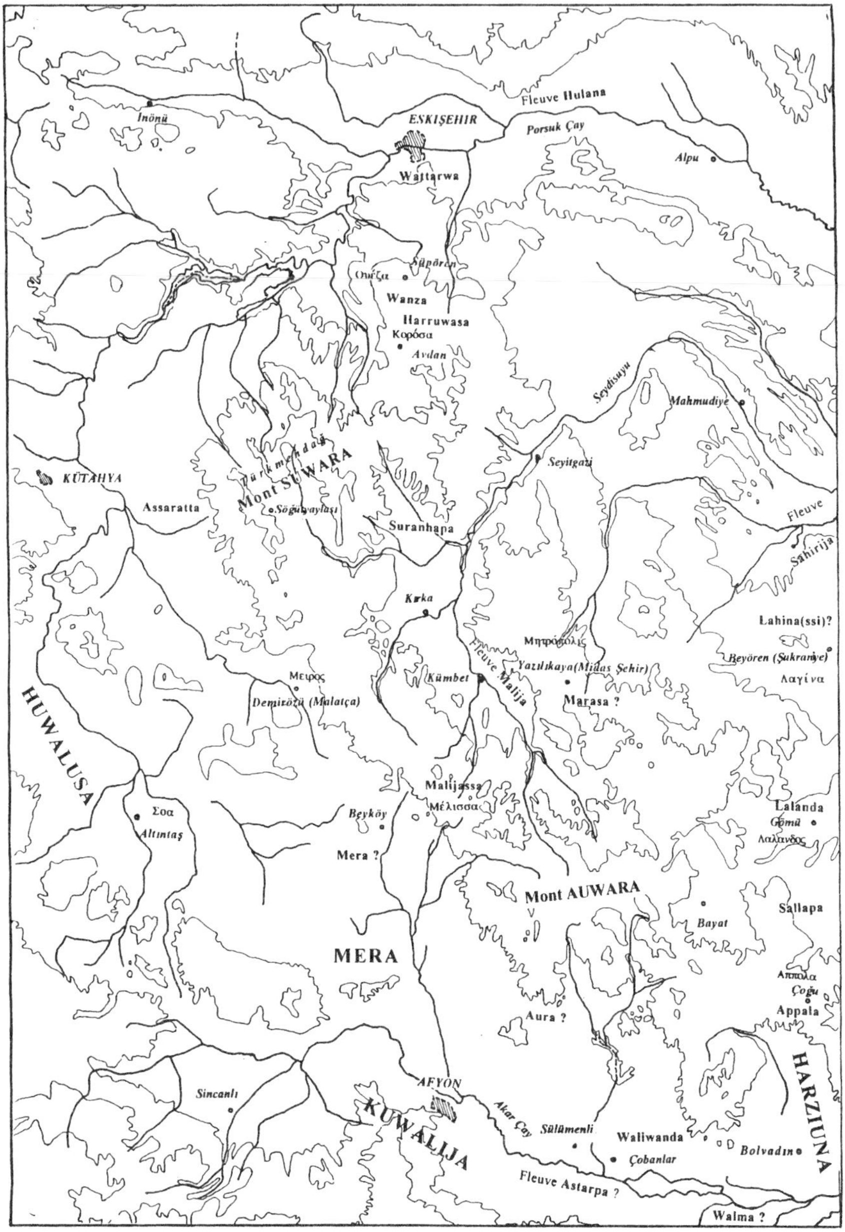

BCILL 85 : *Hethitica XIII*, 13-15

AWARIKU, UN NOM DYNASTIQUE DANS LE MYTHE ET L'HISTOIRE

Massimo FORLANINI

Selon un épisode du poème cyclique des Épigones, dont un résumé nous a été conservé dans les scolies à Apollonius Rhodius (I 308), Manto, fille de Tiresias, capturée lors de la destruction de Thèbes, fut envoyée à Delphes, où, pour obéir à un oracle d'Apollon, elle prit comme époux le mycénien Rhakios fils de Lébés et alla avec lui à Colophon. Le scoliaste ajoute une remarque étiologique à propos de l'origine du sanctuaire et de la source de Claros.

Différente est l'histoire recueillie par Pausanias chez les Colophoniens (Achaia, III 1-3)[1] : la tradition locale conservait le souvenir d'une première colonisation par les Crétois, arrivés sur la côte à la suite de Rhakios, de leur lutte contre les Cariens, qui occupaient l'arrière-pays, et de l'arrivée successive de Manto, envoyée par l'oracle d'Apollon. Les "Hellènes" de Manto auraient été mal accueillis par les "Ioniens" (*sic !*) de Rhakios[2], mais à la fin il y aurait eu le mariage, l'alliance entre les deux groupes et leur victoire sur les Cariens; le fils de Rhakios et Manto fut Mopsos. Ce mythe a des chances d'avoir un noyau historique, parce qu'il donne à Mopsos un père humain (ailleurs il est aussi fils d'Apollon), sans liens particuliers avec une ville grecque, et montre une colonisation en deux phases[3], qui correspond mieux aux données archéologiques.

À la même histoire se réfère encore Pausanias en IX, 33.2, où il appelle Rhakios "le Crétois", et à une source analogue doit avoir puisé

---

1 Il faut remarquer que E. FORRER s'était aperçu de l'importance de cette tradition dans son dernier article hittitologique dans *Ugaritica* VI, Paris 1969, 211 ss.

2 Dans ce récit nous voyons affleurer le souvenir d'une première colonisation des Mycéniens de la Crète, qui aurait donné lieu au peuple "ionien", suivie par l'arrivée, avant l'époque de la guerre de Troie, des Grecs du continent, les "Hellènes". La colonisation crétoise apparaît dans d'autres histoires, comme celle de Sarpédon frère de Minos. À mon avis on a affaire dans tous ces cas aux traces laissées dans le mythe par le royaume d'Ahhiyawa des sources hittites, voir mon article dans *VO* 7, 1988, 154 ss.

3 Pour une riche documentation à ce sujet, du côté des sources grecques, voir toujours F. CASSOLA, *La Ionia nel mondo miceneo,* Napoli 1957.

Étienne de Bysance, quand il écrit que Pamphylie, éponyme de la région qui portait son nom, était fille de Manto et de Rhakios, donc soeur de Mopsos, tandis que des autres auteurs la considéraient comme sa fille ou son épouse.

Rhakios signifiait en grec "le gueux" et un nom pareil ne semble pas être justifié en l'absence d'un récit ou d'une anecdote qui l'explique (dans les scolies à Ap. Rhod. on ne donne qu'une explication *a posteriori*[4]); il est donc fort probable que nous sommes en face d'une étymologie populaire grecque opérée sur un nom "barbare". Si cette tradition est suffisamment ancienne le nom "historique" doit ressembler à la forme originaire *Ϝράκιος[5].

Depuis longtemps les savants discutent sur l'historicité de Mopsos, dont la légende a été compliquée par la contamination de personnages homonymes paraissant dans des traditions différentes[6], mais un fait ne peut pas être nié : le nom dynastique Muksu est connu en Anatolie occidentale à l'époque d'Arnuwanda I (début du XIVe siècle av. J.-C.) et la "maison de Mukas" (en phénicien MPŠ) a régné sur Kue/Cilicie jusqu'au VIIIe siècle av. J.-C. La tradition locale de plusieurs villes grecques de l'Asie Mineure Méridionale attribuait leur fondation, quelquefois pour en anoblir l'origine, à un Mopsos; on faisait remonter ses entreprises aux années qui suivirent la chute de Troie. Mopsus y apparaît soit comme Grec, soit comme Lydien, et l'existence des Moxeanoi en Phrygie nous fait pencher vers cette deuxième hypothèse[7]. Si un Mopsus historique a existé vers 1200 av. J.-C. il n'a pas dû être le seul de ce nom dans sa dynastie, et celle-ci, comme toute dynastie de l'époque, doit avoir repris aussi d'autres noms traditionnels.

Or, il s'avère que nous connaissons le nom d'un de ses derniers rejetons : cet Á-wa+ri/a-ku connu par l'inscription de Karatepe, dont le nom est écrit 'WRK dans la version phénicienne, l'Urikki des annales assyriennes[8]. Nous retrouvons le même nom dans les inscriptions phéniciennes de Hasanbeyli (encore écrit 'WRK)[9] et du Cebel İres Dağı (dans la forme MLK WRYK, "le roi WRYK")[10].

---

4 ʿΟ δὲ Ῥάκιος οὕτως ὠνομάζετο διὰ τὴν πενιχρότητα καὶ κακοειμονίαν.

5 CHANTRAINE, *DELG*, s.v. : "les gloses du type βράκελον, βράκετον font poser un F initial." Le phénomène peut avoir été favorisé par la présence du nom Lakios, qui aurait été fondateur de Phaselis d'origine lindienne ou argienne, lié lui aussi au mythe de Mopsos, v. M.C. ASTOUR, *Hellenosemitica*, Leiden, 1965, 56.

6 La bibliographie sur Mopsos est immense; v. la mis au point récente de J.C. VANSCHOONWINKEL, *Hethitica* 10, 1990, 185-211.

7 La position de peuple, dans la région d'Akmonia et Diokleia, nous rappelle le théâtre des gestes de Madduwatta, dans le contexte desquelles nous trouvons le nom Muksu vers 1400 a. C. Un peu plus à l'ouest se trouvait à l'époque classique la ville de Matya (L. ZGUSTA, *Kleinasiatische Ortsnamen*, 376 § 792-3), qui porte un nom d'origine ancienne dont a pu dériver celui même de Madduwatta.

8 Sur ce roi et sur sa position historique voir P. DESIDERI/A.M. JASINK, *Cilicia*, Turin 1990, 134 ss.

9 A. LEMAIRE, *L'inscription phénicienne de Hassan-beyli reconsidérée, RSF* 11, 1983, 11 (ligne 5 du texte), 14 ss.

10 P.G. MOSCA/J. RUSSEL, *A Phoenician Inscription from Cebel İres Dağı in Cilicia, EpAn* 9, 1987, 5-6 (ligne 8), 19 ss. À la ligne 3B nous rencontrons en plus un toponyme dérivé du

Je suppose que la voyelle prothétique, représentée par l'aleph en phénicien et Á en louvite hiéroglyphique, soit due aux lois de la phonétique anatolienne (appliquée ici à un nom "étranger"), qui n'admet pas la double consonne en début du mot, ce qui amène, en accord avec la forme WRYK et l'assyrien Urikki, à une reconstruction du type *Wrik(i)u. Nous sommes donc très proches de la forme *Wrakios reconstituée pour l'autre nom dynastique de la famille de Mopsus, qui nous est conservé par la tradition locale de Colophon.

Quelle peut être l'origine de ce nom ? Qu'on me permette un rapprochement surprenant avec un mot phrygien (mais il faut se souvenir que les Moxeanoi étaient un peuple de la Phrygie classique !) : *vreku* interprété le plus souvent par la glose d'Hésychius βρέκυν (le Brygien=Phrygien)[11]; d'ailleurs l'existence de "Protophrygiens" dans l'Anatolie du IIe millénaire ne peut plus être exclue aujourd'hui[12]. Si l'on acceptait l'étymologie beaucoup plus douteuse de Diakonoff et Neroznak, qui pensent à la racine i.-e. qui a donné par exemple en slave le mot *vračî* "magicien, médecin"[13], on obtiendrait un résultat encore plus surprenant : toute sa famille, Tiresias, Manto et Mopsos, serait composée par des devins !

Mais, pourquoi chercher une étymologie phrygienne, si le mythe nous montre Rhakios débarquant en Asie à la tête de Crétois ? C'est bien vers la Crète qu'il faudrait la chercher. Or, parmi les gloses crétoises d'Hésychius il y en a une qui montre une certaine assonance : β 1113 βρεῦκος ἡ μικρὰ ἀκρίς; elle semble être liée à d'autres gloses dérivées de la même racine non-grecque mais avec une vocalisation variable[14]. Leur valeur sémantique est toujours celle de "locuste/sauterelle", à laquelle s'ajoute, pour la forme βρύκος, celle de "barbare". Mais, si les candidats possibles pour une éventuelle population protophrygienne dans l'Anatolie de l'âge du bronze sont, avec les Arawanna ("libres"), les Masa ("sauterelles")[15], les deux étymologies ne seraient plus opposées. Certainement toute cette construction reste très fragile; cependant, je pense, elle mérite d'être prise en considération.

Adresse de l'auteur :

Via C. Monteverdi, 5
I-20131 Milano
Italie

---

nom du roi : WRYKLY, que les auteurs considèrent justement comme une formation adjectivale (anatolienne) en *-l-*.

11 Voir A. Lubotsky, *The Old Phrygian Areyastis Inscription, Kadmos* 26/1, 1988, 13-14; L.S. Bajun, V.E. Orel, *VDI* 184, 1988, 180. Naturellement l'étymologie hourrite de Götze, *JCS* 16, 1962, 53 (de la racine *awar*) serait en contradiction avec ma thèse.

12 Pour cette orientation dans l'interprétation de l'histoire phrygienne voir R. Drews, *Myths of Midas and the Phrygian Migration from Europe, KLIO* 75, 1993, 9-26.

13 *Phrygian*, Delmar/New York, 1985, 143.

14 R.A. Brown, *Evidence for Pre-Greek Speech on Crete*, Amsterdam 1985, 39-40.

15 Voir mon article "*Un coin de Phrygie*" dans ce volume.

BCILL 85 : *Hethitica XIII*, 17-38

LA "RÉVOLUTION DYNASTIQUE" DU GRAND ROI DE HATTI TUTHALIYA I

Jacques FREU

Après la publication des premiers textes cunéiformes retrouvés à Boğazköy l'histoire du royaume de Hatti à l'Âge du Bronze moyen et récent a été divisée en trois grandes époques, celle de "l'Ancien Royaume" (ca 1650-1530 avant notre ère), celle du "Moyen Royaume" (ca 1530-1350) et celle de "l'Empire" (ca 1350-1190). Mais les limites de ces trois périodes étaient mal définies et surtout la dénomination de Moyen Royaume donnée à des "temps obscurs", au sujet desquels on ne disposait que d'une documentation très restreinte, n'était qu'une étiquette destinée à combler un vide historiographique et à masquer nos ignorances. Le début et la fin de ce "Moyen Royaume" étaient d'ailleurs difficiles à préciser et variaient selon les auteurs. Les spécialistes hésitaient entre une périodisation fondée sur une "tripartition" largement artificielle et la succession de deux "dynasties", ce qui faisait disparaître le soi-disant Moyen Royaume[1]

---

[1] La "tripartition" de l'histoire hittite (et l'insistance sur la notion de "Moyen Royaume") se retrouve chez E. von SCHULER, *Die Kaškäer*, Berlin 1965, Zeittafel p. 18, où le "Neues Hatti-Reiches" débute avec Tuthaliya II et englobe le "Grossreich"; O.R. GURNEY, "The Middle Hittite Kingdom" *CAH* II/1, 1973, 669-683 (d'Alluwamna à Tuthaliya III); O. CARRUBA, "Beiträge zur mittelhethitischen Geschichte", *SMEA* 18, 1977, 137-195; ID., "Stato e Società nel Medio Regno Eteo", *Stato, Economia e Lavoro nel Vicino Or. Ant.*, Ist. Gramsci Tosc., Florence 1988, 194-224; V. HAAS, "Betrachtungen zur Dynastie von Hattusa im Mittleren Reich", *AoF* 12, 1985, 269-277; S. de MARTINO, "Problemi di Cronologia Ittita", *PdP* 48, 1993, 218-240, table p. 240, où le "Medio Regno" va de Telepinu à Tuthaliya III; la division en deux grandes époques est le fait de L. DELAPORTE, *Les Hittites*, Paris, 1936, table p. 167; E. CAVAIGNAC, *Le Problème Hittite*, Paris 1936, passim; E. LAROCHE, "Chronologie hittite : État des questions", *Anadolu* II, 1955, 1-22; ces trois auteurs opposent "Ancien Royaume" et "Nouvel Empire"; de même S. BIN-NUN, *The Tawananna in the Hittite Kingdom*, Heidelberg 1975, passim (Old Kingdom/New Empire); O. CARRUBA, "*Stato e Società*", 1988, table p. 220 (Antico Regno/Nuovo Regno-Impero).

La fin de l'Ancien Royaume et la révolution dynastique (ca 1465 av. J.-C.)

La découverte récente de plusieurs tablettes appartenant aux successeurs du grand roi Telepinu (ca 1550-1530), en particulier la mise à jour de "donations de terres" (Landschenkungsurkunden) scellées au moyen de "Rosettensiegeln" portant les noms des souverains donateurs, a permis de rendre une réalité tangible à des personnages dont l'existence était souvent mise en doute[2].

L'ordre adopté par les "listes d'offrandes"[3] a été confirmé et deux "usurpateurs" ont pu être ajoutés à la série des rois et des reines qu'elles nous faisaient connaître[4]. Les six successeurs de Telepinu, son gendre Alluwamna, le fils de ce dernier, Hantili II[5], Tahurwaili, l'intrus que les caractéristiques de son sceau imposent d'insérer à cet endroit de la liste[6], Zidanza (Zidanta II), qui était peut-être le neveu de Hantili II[7], Huzziya II et "l'usurpateur" Muwatalli I, ont été les héritiers des souverains de l'Ancien Royaume, de 1530 à 1465 av. J.-C. environ, en "chronologie moyenne"[8]. Ils ont gouverné le pays de Hatti avec

---

2 E. CAVAIGNAC, *RHA* 3, 1936, 239 n. 11.; R.S. HARDY, *AJSL* 48, 1941, 212, 216; M.C. ASTOUR, Hittite History and Absolute Chronology, *SIMA* 73, 1989, 30-39.

3 H. OTTEN, "Die hethitischen 'Königslisten' und die altorientalische Chronologie", *MDOG* 83, 1951, 47-71, Tabelle p. 63; ID., "*Die hethitischen historischen Quellen und die altorientalische Chronologie*", Wiesbaden 1968, table p. 17 du tiré à part; O. CARRUBA, "*Stato e Società*", 1988, tables pp. 221-223.

4 H. OTTEN, "Das Siegel des hethitischen Grosskönigs Tahurwaili", *MDOG* 103, 1971, 58-68; ID., "Das hethitische Königshaus im 15. Jahrhundert v. Chr.", *Anz. d. phil. -hist. Kl. der Öster. Ak. d. Wiss.* 123, 1986, So. 2, 28-29, Abb. 5 p. 39, Abb. 6 p. 40; ID., *AA* 1991, 346 (Bo 90/671); O. CARRUBA, "Muwatalli I", *X.TTKY*, Ankara, 1990, 539-554.

5 P. NEVE, *AA* 1991, 331, Abb. 37a.b; H. OTTEN, *ibid*, 345-348; P. NEVE, *AA* 1992, 313; Ch. RÜSTER, "Eine Urkunde Hantilis II", *Ist. Mitt.* 43, *Fest. P. NEVE*, 1993, 63-70.

6 H. OTTEN, *MDOG* 103, 1971, 68 a suggéré que Tahurwaili était le nom d'un prince, époux de Nikalmati, qui avait pris celui de Tuthaliya en montant sur le trône; S. BIN-NUN, *Tawananna*, 1975, 222-237 et O. CARRUBA, "Tahurwaili von Hatti und die hethitische Geschichte um 1500 v. Chr.", *Anatolian Studies*, H.G. GÜTERBOCK, Istanbul 1974, 73-93, de même que M. C. ASTOUR, *Hittite History and Absolute Chronology, SIMA* 73, 1989, 27-29 et S. de MARTINO, *PdP* 48, 1993, 225-226 identifient le grand roi Tahurwaili et le prince mentionné par l'édit de Telepinu et en font le successeur de ce dernier; G. WILHELM, apud P. NEVE, *Ḫattuša, Stadt der Götter und Tempel*, Mayence 1993, Abb. 238 p. 86 place Tahurwaili (?) et Hattusili II (?) aux nos 13 et 14 de la liste des rois hittites avant Tuthaliya II (= I), schéma repris par H. OTTEN, "*Zu einigen Neufunden hethitischer Königssiegel*", Abh. Mainz Nr. 13, 1993, 21.

7 R.H. BEAL, *The Organisation of the Hittite Military*, TdH 20, 1992, 330, n. 1261 pp. 330-331.

8 La "chronologie basse" qui date la prise de Babylone par Mursili I en 1531 av. J.-C., Telepinu vers 1500 et Suppiluliuma ca 1345-1320 est préférée, en général, par les savants allemands; cf. G. WILHELM-J. BOESE, "*Absolute Chronologie und die hethitische Geschichte des 15. und 14. Jarhunderts v. Chr.*, High, Middle or Low ?, *SIMA* 56, P. ÅSTRÖM ed., Gothenburg 1987, 74-117; S. de MARTINO, *PdP* 48, 218-240; avec des dates différentes, M.C. ASTOUR, *SIMA* 73, 1989, Chart IV p. 77 (Suppiluliuma I : 1386-1346).

l'aide d'une "aristocratie anatolienne" peu ouverte aux influences louvites ou hourrites[9]. Une série de traités conclus par Telepinu, Alluwamna (ou Hantili II), Tahurwaili et Zidanza avec les rois de Kizzuwatna Isputahsu, Paddatisu, Eheya et Pilliya a assuré la tranquillité de la frontière sud-orientale du Hatti et permis de contenir la poussée de la puissance hourrite après la constitution, par une petite caste de guerriers indo-aryens, les maryannu, d'un royaume unifié, le Mitanni (Hurri, Hanigalbat), en Mésopotamie du Nord et en Syrie[10].

La révolution dynastique qui a permis aux ancêtres de Suppiluliuma de prendre le pouvoir a été la conséquence d'une série de crises intérieures et extérieures qui se sont aggravées au cours du règne de Huzziya II (ca 1485-1470 av. J.-C.). Ce roi et la reine Summiri, dont les noms suivent dans les listes d'offrandes ceux de Zidanta (II) et de la reine Iyaya, ont été les derniers souverains légitimes de la lignée de Labarna[11]. Huzziya II a fait rédiger par sa chancellerie plusieurs "Landschenkungsurkunden", dont certains, connus depuis longtemps (LSU 2, LSU 22), étaient généralement attribués à Huzziya I[12]. Le style de leur "Rosettensiegel" réfute l'hypothèse de leur appartenance à l'éphémère prédécesseur de Telepinu, roi ignoré des listes[13] et connu uniquement par l'édit de son successeur, à l'exclusion de toute autre source. Des sceaux anonymes, les "tabarna seals", étaient seuls utilisés à l'époque de Huzziya I[14]. La découverte et la publication des tablettes scellées KBo XXXII 187 et KBo XXXII 185 ont apporté une solution définitive à ce problème. Les actes de donation LSU 2, LSU 22, KBo XXXII 187 et Bo 90/751, tous quatre de Huzziya, dont l'empreinte du sceau a disparu sur le troisième mais est conservée, mutilée, sur LSU 19, et les tablettes de même nature, KBo XXXII 185 et Bo 90/671,

---

9 H.G. GÜTERBOCK, "The Hurrian Element in the Hittite Empire", *Cahiers d'Histoire Mondiale* 2, 1954, 384-391, souligne la rareté des noms hourrites parmi les dignitaires hittites de la haute époque et oppose cette situation à celle prévalant "in the New Empire" pp. 386-391; cf. E. LAROCHE, "Les Noms Hourrites", in *Les Noms des Hittites*, Paris 1966, 343-362.

10 R.H. BEAL, "The History of Kizzuwatna and the Date of the Sunassura Treaty", *OR* 55, 1986, 424-455; G. del MONTE, "Note sui trattati fra Hattusa e Kizzuwatna", *OA* 20, 1981, 203-221; H. KLENGEL, "Mitanni : Pobleme seiner Expansion und politischen Struktur", *RHA* XXXVI, 1978, 91-115; G. WILHELM, *Grundzuge der Geschichte und Kultur der Hurriter*, Darmstadt 1982, 17-48; J. KLINGER, "Überlegungen zu den Anfängen des Mitanni-Staates", *Xenia* 21, 1988, 27-42; G. WILHELM, *The Hurrians,* Warminster 1990, 24-38.

11 H. OTTEN, *MDOG* 83, 1951, liste E, Ro II 11 p. 67.

12 K.K. RIEMSCHNEIDER, "Die hethitischen Landschenkungsurkunden" *MIO* 6, 325-326, était favorable à leur attribution à Huzziya II; de même D.F. EASTON; "Hittite Land Donations and Tabarna Seals", *JCS* 33, 1981, 5-6, 16-18, 24-30; contra O. CARRUBA, Anat. Stud. H.G. GÜTERBOCK, 1974, 83-86; S. BIN-NUN, *JCS* 28, 1974, 112-114; M.C. ASTOUR, *SIMA* 73, 1989, 35-36 a renoncé à son attribution première.

13 H. OTTEN, *MDOG* 83, 1951, 65 lit "*A-NA* mAm-mu-n[a mḪu-u]z[-zi-ya?/", KUB XI 7 + XXXVI 122 Ro 24 (liste C), ce qui semble très douteux et n'a pas de répondant dans les autres exemplaires.

14 K.K. RIEMSCHNEIDER, *MIO* 6, 1958, 321-325; O. CARRUBA, "Zur Datierung der ältesten Schenkungsurkunden und der anonymen Tabarna-Siegel", *Ist. Mitt.*, 1993, 71-85; J. KLINGER, *ZA* 85, 1995, 76-77.

scellées au nom du grand roi ^{m}NIR.GÁL/Muwatalli (I), citent une série de hauts dignitaires dont certains se retrouvent sur deux ou plusieurs des listes de témoins mentionnés par ces textes[15]. Ces données nouvelles prouvent de façon indiscutable que Muwatalli I a succédé à un roi Huzziya qui ne peut se confondre avec le beau-frère de Telepinu chassé du trône par ce dernier. LSU 2, LSU 22 et Bo 90/751, rédigés respectivement à Hanhana, Katapa et Hattusa sont l'oeuvre d'un roi dont le pouvoir s'étendait à tout le pays de Hatti et qui n'était pas, comme on l'a prétendu, un anti-roi ou le vassal d'un souverain portant les mêmes titres que lui, Arnuwanda I[16]. Les témoins des donations étaient de hauts dignitaires qui sont cités dans un ordre hiérarchique précis : au premier rang le GAL.*MEŠEDI* (chef prétorien) suivi par le GAL.DUMU^{MEŠ}É.GAL (chef du personnel du palais). Les changements survenus dans la liste de ces grands personnages donnent une idée de la crise qui a déchiré les milieux dirigeants du Hatti à cette époque. Le GAL.*MEŠEDI* Lariya, sans doute le frère du roi Huzziya II, est placé au premier rang par LSU 2, LSU 22 et Bo 90/751 mais n'apparaît plus en KBo XXXII 187, tablette dont l'empreinte du sceau est brisée, qui cite Arinne[l (dont le titre a disparu), le chef du personnel connu par LSU 2, LSU 22 et Bo 671/90, toujours relégué en seconde position[17], Marassa, l'*urianni* de LSU 2 et Zuz[zu, témoin et scribe de LSU 2. Mais le nouveau "chancelier" qui a rédigé KBo XXXII 187, Warsiya, a gardé son poste après l'avènement de Muwatalli I. Quoi qu'il en soit de la disparition de Lariya, disgrâce, mort naturelle ou crime, il est certain que son remplaçant à la tête de la garde royale a été Muwatalli "l'ancien", le GAL.*MEŠEDI* responsable du meurtre de Huzziya II et son successeur au témoignage des LSU et d'un "texte narratif"[18]. En KBo XXXII 187 le nom du premier témoin est mutilé et son titre a disparu mais on doit lire de façon certaine, comme l'a proposé H. OTTEN, "Muw[atalli/GAL.LÚ^{MEŠ}*MEŠEDI*" avant Arinnel[19]. Il est vrai qu'un certain Muwa a occupé le même poste sous Muwatalli I mais les sources disponibles permettent de voir en lui l'homme de confiance auquel celui-ci a confié le

---

15 H. OTTEN, "*Das hethitische Königshaus*", 1987, 28-34, Abb. 5-9; O. CARRUBA, "*Stato e Società*", 1988, 210-214; S. de MARTINO, *PdP* 48, 1993, 225-230; O. CARRUBA, "Muwatalli I", *X.TTKY*, Ankara 1990, 539-554.

16 M.C. ASTOUR, *SIMA* 73, 1989, 35-37 écrit, à propos de Zidanza, Huzziya II et Muwatalli : "Their reigns could not have preceded that of Arnuwandash I... all three men ruled their fiefs simultaneously with Arnuwandash"; cf. le compte rendu de G. WILHELM, *OLZ* 86, 1991, col. 469-476.

17 H. OTTEN, "Das hethitische Königshaus", 1987, Abb. 6; ID., *AA* 1991, 346-347 (Bo 751/90); cf. K.K. RIEMSCHNEIDER, *MIO* 6, 1958, 354-359 (LSU 2), 373 (LSU 22); R.H. BEAL, *TdH* 20, 1992, 331, n. 1266, pp. 331-332, 348.

18 O. CARRUBA, "Die sogenannten 'Protocoles de succession dynastique'", *SMEA* 18, 1977, 175-193, pp. 182-187 (KBo XVI 24 + 25); A.M. RIZZI-MELLINI, "Un 'Istruzione' Etea di Interesse Storico", *St. Medit.* I, *Fest. P. MERIGGI*, 1979, 509-553; F. Pecchioli-Daddi, "A proposito di KBo XVI 24 (+) 25", *Acad. dei Lincei, Rend. Sc. morali*, Serie VIII, vol. XXXIV, 1-2, 1979, 51-55.

19 H. OTTEN, "*Das hethitische Königshaus*", 32, Abb. 6; S. de MARTINO, *PdP* 48, 1993, 226.

commandement des troupes de garde lors de son avènement. Il restera jusqu'au bout fidèle à son maître aux dires d'un texte annalistique de Tuthaliya I[20].

Le règne de Huzziya II s'est terminé dans le sang. On le sait par un "édit" de Tuthaliya I qui fait un retour sur les événements qui avaient précédé sa prise du pouvoir. CTH 251 (KBo XVI 24 (+) 25) avait été, avant les découvertes récentes, daté de la période "oscuro" s'étendant du règne d'Arnuwanda I à celui de Suppiluliuma[21]. S. KOŠAK avait cependant fait remarquer que CTH 251 était l'un des "middle hittite texts" les plus archaïques. Il proposait de traduire le verbe "sarlai-" de la ligne 14 "to prevail (in a case)" pour tenir compte du caractère juridique de ce passage. Il faut donc comprendre KBo XIV 24 (+) 25 IV 14-18 : "la parole du père du Soleil l'emporta et.../Muwat]alli tua Huzziya mais au père du Soleil [il ne fit aucun mal (?)/... le serment de son dieu et eux... / et lui à Muwatalli..."[22]. La publication des LSU retrouvés ces dernières années a encouragé H. OTTEN à identifier les deux personnages cités ici, non à des princes postérieurs à Arnuwanda I (identifié parfois au "père du Soleil" de CTH 251), mais aux deux souverains, successivement assassinés, qui avaient clos tragiquement le premier chapitre de l'histoire hittite[23].

La reconstitution du texte mutilé de LSU 19 par D.F. EASTON et O. CARRUBA[24] a montré que le roi Huzziya II avait réformé une donation faite par Zidanza, ce qui confirme que ce dernier était bien son prédécesseur et se confondait avec le roi Zidanta (II) des listes d'offrandes. Muwatalli I, le successeur de Huzziya, a été voué par celles-ci à une "damnatio memoriae" mais "mNIR.GÁL/Muwatalli", roi ou GAL.*MEŠEDI*, apparaît dans diverses sources, en particulier dans deux fragments qui avaient été attribués aux "Deeds of Suppiluliuma", malgré les réticences de H.G. GÜTERBOCK, les fr. 50 et 51[25]. Le fragment 50 de CTH 40 (2 BoTU 45 = KUB XXI 10) fait le récit d'événements ayant affecté le pays de Nerik "au temps du roi Muwatalli" (*ANA PANI* mNIR.GÁL LUGAL-i) puis de la victoire remportée par le "père" du roi qui parle ici à la première personne (*ABU-JA-MA*, "mon père"). O. CARRUBA a

---

20 S. BIN-NUN, *Tawananna*, 1975, 266-268; O. CARRUBA, *SMEA* 18, 1977, 184-185; H. OTTEN, *ibid.*, 29-30; J. KLINGER, E. NEU, "CTH 271", *Hethitica* 10, 1990, 147; O. CARRUBA, *ibid.*, 162-163 (KUB XXIII 16).

21 A. RIZZI-MELLINI, *St. Med.* I, 1979, 514; S. BIN-NUN, *RHA* XXXI, 1973, 19 (CTH 251 serait une apologie de Suppiluliuma); O. CARRUBA, *SMEA* 18, 1977, Taf. IV f.g (Dunkle Z. zwischen Arnuwanda und Suppiluliuma).

22 S. KOŠAK, "Dating of Hittite Texts : A Test", *AS* 30, *Fest. O.R. GURNEY*, 1980, 31-39, n. 53 p. 37.

23 H. OTTEN, "Das hethitische Königshaus", 1987, 29-34.

24 K.K. RIEMSCHNEIDER, *MIO* 6, 1958, 371-372 (LSU 19); D.F. EASTON, *JCS* 33, 1981, 17-18; O. CARRUBA, "Contributi alla Storia Medioetea IV : LSU 19, Zidanza e Huzzija", *EOTHEN* 1, 1988, 39-50.

25 H.G. GÜTERBOCK, *JCS* 10, 1956, 49-50, 117-119; O. CARRUBA, "*Muwatalli I*", 1990, 543-545; on ne peut identifier Muwatalli "l'ancien", le tuḫkanti Tuthaliya, fils d'Arnuwanda, et Tuthaliya "le jeune" en supposant que GAL.*MEŠEDI* = tuḫkanti, comme le fait S. BIN-NUN, "The Offices of GAL.*MEŠEDI* and Tuḫkanti in the Hittite Kingdom", *RHA* XXXI, 1973, 5-25.

proposé récemment des restaurations donnant tout son sens à ce passage d'un "texte annalistique" qui doit être, avec d'autres fragments, rendu à Tuthaliya I[26]. Le n° 51 des "Deeds" est plus énigmatique. Les mutilations de la tablette laissent supposer que là aussi c'est le "père du Soleil" qui mène la lutte contre les Gasgas alors que le roi, son fils, intervient ensuite. Après une courte lacune ^{m}NIR.GÁL GAL.*MEŠEDI* est mentionné, de façon négative, semble-t-il, et à propos, vraisemblablement, de faits antérieurs[27]. CTH 251, CTH 40, fr. 50 et 51, et KUB XXIII 16 sont les "membra disjecta" d'un édit et des annales du roi Tuthaliya I que seul le dernier texte nomme de façon inéquivoque[28].

Les deux LSU du "tabarna ^{m}NIR.GÁL LUGAL.GAL", Bo 84/465 (KBo XXXII 185) et Bo 90/671 sont les témoins des rivalités qui opposaient divers clans de la cour hittite[29]. Bo 90/671, la donation la plus ancienne mettait le chef prétorien Muwa et le GAL.DUMU^{MEŠ}É.GAL Arinnel aux premiers rangs de la hiérarchie, suivis par le GAL. GEŠTIN Himuili. Le scribe Warsiya avait rédigé l'acte dont l'aurige du roi Pithana et ses descendants étaient les bénéficiaires[30]. Arinnel n'est plus mentionné en KBo XXXII 185 et ses fonctions sont passées au prince Himuili. La place suivante a été attribuée au "commandant des écuyers d'or" (UGULA$^{LÚ.MEŠ}$IŠ.GUŠKIN), Kantuzzili. Nous savons par un texte postérieur, lui aussi promulgué par Tuthaliya I, que Himuili et Kantuzzili étaient deux frères, "fils de la reine", et qu'ils avaient tué le roi Muwatalli (KUB XXXIV 40 = CTH 271 A.1). L'ensemble de notre documentation permet donc, ce qui n'était pas possible avant les dernières publications de LSU, de rétablir les événements dans leur ordre chronologique :

1. Le roi Huzziya II et la reine Summiri, successeurs légitimes de Zidanza et de la reine Iyaya, ont gouverné pendant plusieurs années avec une équipe de dignitaires ayant à leur tête le chef prétorien Lariya et le chef du personnel affecté au palais, Arinnel.

2. La disparition (le meurtre ?) de Lariya, des intrigues de cour et des échecs extérieurs face aux Gasgas et aux Hourrites, – c'est l'époque où les rois de Kizzuwatna (Pilliya et Sunassura I) et ceux d'Alalaḫ (Idrimi et Niqmepa) ont été les vassaux des grands rois de Hurri/Mitanni, Barattarna I et Saustatar I[31] –, ont amené un changement de personnel à

[26] O. Carruba, "*Muwatalli I*", 1990, 543, 545-546; R.H. Beal, *TdH* 20, 1992, 331-333 et nn. 1262-1265; S. de Martino, "Personaggi... nel testo... KBo XVI 97", *SMEA* 29, 1992, 33-46, pp. 34-36.

[27] *JCS* 10, 1956, 118-119 (KBo XIV 18); O. Carruba, "*Muwatalli I*", 1990, 543, 545.

[28] Dans les quatre textes le "Soleil" est soutenu par son père; il est nommé en KUB XXIII 16, 13'.

[29] H. Otten, "*Das hethitische Königshaus*", 1987, 28-29, Abb. 5-6; ID., *AA* 1991, 346; R.H. Beal, *TdH* 20, 1992, 333, n. 1268; S. de Martino, *PdP* 48, 1993, 226-227.

[30] H. Otten, *AA* 1991, 346; R.H. Beal, *TdH* 20, 1992, 172 et n. 625.

[31] M. Dietrich, O. Loretz, H. Klengel, R. Mayer-Opificius, "Untersuchungen zu Statue und Inschrift des Königs Idrimi von Alalaḫ", *UF* 13, 1981, 199-290; H. Klengel, *GS* I,

la fin du règne. Muwatalli est devenu GAL.*MEŠEDI* et Warsiya a pris en main la chancellerie.

3. Muwatalli a profité de sa situation de chef de la garde pour tuer le roi Huzziya et s'emparer du trône (CTH 251 IV 15). Il a nommé un fidèle, Muwa, au poste qu'il abandonnait en devenant roi. Les autres "Grands" du règne précédent ont disparu après une période de transition que Bo 90/671 a fait connaître. Les princes Himuili et Kantuzzili ont reçu de hautes fonctions, l'aîné rapidement, le cadet par la suite. Or nous savons par KUB XXXIV 40 que, fils d'une reine, ils ont ensuite assassiné Muwatalli. Il faut donc admettre que le couple royal formé par Huzziya II et Summiri avait deux fils jeunes lors de la mort du roi. La reine a dû conserver son rang pendant le règne de "l'usurpateur". On peut la soupçonner d'avoir joué un rôle dans le drame qui a coûté la vie à son époux. Elle et ses fils ont, en tout cas, accepté le fait accompli et conservé ou reçu des charges éminentes.

4. Himuili et Kantuzzili, poussés sans doute par leur mère, la reine Summiri, ont assassiné Muwatalli dans l'intention de faire valoir leurs droits au trône. Mais le GAL.*MEŠEDI* Muwa a vengé son maître en tuant la reine et un autre clan a profité de ces luttes fratricides pour s'emparer du pouvoir et faire monter sur le trône le premier Tuthaliya.

Tuthaliya I et la reprise de la politique d'expansion (ca 1465-1440 av. J.-C.)

Le traité conclu entre le roi Mursili II (1321-ca 1295) et son neveu, le roi d'Alep Talmi-Šarruma a été rénové par Muwatalli II, la tablette originale ayant été cassée (KBo I 6 +). L'expression "Quand Tuthaliya, le grand roi, s'établit sur le trône de la royauté..." (KBo I 6 I 15) a été comprise par les premiers commentateurs comme signifiant que le Tuthaliya qui avait conquis Alep après Mursili I était le fondateur de la dynastie de Suppiluliuma[32]. Ce qui reste la solution la plus probable. La démonstration faite par H. OTTEN, que les personnages cités par KBo XVI 24 (+) 25 et KUB XXXIV 40, et désignés comme les victimes de crimes successifs, étaient les grands rois Huzziya II et Muwatalli I, permet d'attribuer ces tablettes à Tuthaliya I qui leur a succédé. On

---

219-235, 242-248; ID., *Syria. 3000 to 300 BC. A Handbook of Political History*, Berlin 1992, 84-99; textes d'Alalaḫ : D.J. WISEMAN, *The Alalakh Tablets*, Londres 1953, en particulier AT 3 (traité Idrimi-Pilliya sous les auspices de Barattarna), AT 14 (jugement par Saustatar du différend frontalier entre Niqmepa et Sunassura) pp. 31-32, 39.

32 E.F. WEIDNER, *PDK* 2, 1923, 82 et n. 3; N. NA'AMAN, "The Historical Introduction of the Aleppo Treaty Reconsidered", *JCS* 32, 1980, 34-42.

doit y joindre KUB XXIII 16 où le nom de Tuthaliya a été conservé[33]. Le premier texte, CTH 251 (KBo XVI 24 +), est très mutilé. Défini par E. LAROCHE comme un "protocole pour des dignitaires anonymes (langue archaïsante)", il s'agit avant tout d'instructions aux officiers de l'armée[34]. Les mesures préconisées par le souverain visent à mettre fin à une période de troubles, marquée par des assassinats en série, qui a précédé et suivi son avènement (CTH 251 IV 10-13).

C'est vraisemblablement pour répondre à une question ouverte ou implicite sur ses responsabilités ou celles de son père dans des affaires récentes que Tuthaliya aurait répliqué en évoquant la violation du serment aux dieux dont s'était rendu coupable Muwatalli en assassinant Huzziya (IV 14-20) et en justifiant la position de son père (*ABI* ^{d}UTU-*Ši*, IV 14-15) et la sienne propre (IV 20) à cette occasion. S. BIN-NUN a pensé que le roi cherchait à se présenter comme le protecteur des soldats et des pauvres auxquels il demandait de protéger la vie du roi et de son successeur désigné ayant reçu l'onction (KBo XVI 24 + I 62-70); A.M. RIZZI-MELLINI a insisté au contraire sur la sévérité des admonestations royales. Les officiers seraient frappés d'une malédiction solennelle en cas de désobéissance et les déserteurs condamnés à mort[35]. Ces mesures de rigueur faisaient suite à une expédition contre le pays gasga de Kilimuna au cours de laquelle le comportement des officiers avait laissé à désirer (ibid., I 41-45).

La suite des événements nous est connue par un "édit" contemporain de CTH 251, KUB XXXIV 40, dont les quelques lignes bien conservées sont très révélatrices :

> "8' Muwa] tue (alors) la reine, votre mère, et vous.../9'...mais auparavant Himuili (et) Kantuzzili ont tué/10'...Mu]watalli (accus.) et.../11'...alors en ces mêmes jours.../12'...M]uwa tue la reine, votre mère.../13'...il (la) tue.//14'...aux côtés du roi et de la reine ils se sont placés/15' et] eux les ont laissé en vie. Maintenant le roi (et) la rei[ne/16'...avec les Grands, ensemble.../17' Moi, le roi] et la reine, nous avons (...) Himuili (accus.)/18' et [Kantu]zzili et les Grands/19'...//20' Que les Grands les protègent et qu'eux..."
>
> (KUB XXXIV 40, 8'-20')

Les nouvelles lectures proposées par H. OTTEN ont permis de rattacher ce fragment au petit lot de documents qui nous informent sur la "révolution

[33] O. CARRUBA, *SMEA* 18, 1977, 162-163; H. OTTEN, "*Das hethitische Königshaus*", 1987, n. 43 pp. 33-34.

[34] Cf. n. 18 et S. BIN-NUN, *RHA* XXXI, 1973, 19; A. KAMMENHUBER, *OR* 39, 1970, 550-551.

[35] S. BIN-NUN, *ibid.*, 19; A. RIZZI-MELLINI, *St. Medit.* I, 1979, 513-515.

dynastique" du 15e siècle avant notre ère[36]. La violation de serment mentionnée à la ligne 5' peut se rapporter à l'usurpation de Muwatalli dont CTH 251 semble montrer qu'elle n'avait pas reçu l'aval du "père du Soleil", c'est-à-dire du père du roi qui a fait rédiger CTH 251 et CTH 271 A.1. Mais alors que le premier texte visait, entre autres, à dégager les responsabilités de son auteur et de son père lors du meurtre de Huzziya, KUB XXXIV 40 s'efforce d'établir l'innocence du successeur de Muwatalli I dans l'assassinat de ce dernier. Muwatalli, sans doute à l'instigation de la reine Summiri, veuve de sa victime, avait été contraint d'accorder des charges importantes aux princes Himuili et Kantuzzili, "fils de la reine", et donc du roi Huzziya. Ces derniers ont attendu quelque temps pour faire valoir leurs droits et tuer l'usurpateur, vraisemblablement avec la bénédiction de leur mère. Le chef prétorien de Muwatalli, Muwa, a vengé celui-ci en tuant la reine Summiri. Mais, après quelques jours d'incertitude (KUB XXXIV 40, 11'), c'est un autre clan qui s'est emparé du pouvoir et a mis sur le trône un homme, Tuthaliya I, dont le père jouait un rôle actif à la cour. Une situation aussi exceptionnelle s'explique par les circonstances qui ont présidé à l'avènement de la "seconde dynastie hittite". L'hypothèse avancée à tort dans le cas de Suppiluliuma, dont on voulait montrer que le père n'avait pas régné[37], s'avère exacte pour Tuthaliya I. Il est tentant de supposer que c'est la reine, dont le rôle est souligné par CTH 271 A.1, qui a donné à Tuthaliya I la légitimité que ne possédait pas son père. Celui-ci va continuer à commander des armées au début du règne de son fils mais aucun texte ne lui donne le titre royal. Tuthaliya a été reconnu par le "panku", dont le rôle à cette époque est souligné par les "protocoles de succession dynastique"[38], parce qu'il était dans l'une des situations prévues par l'édit de Telepinu pour pouvoir prétendre au trône. Il est, dans ces conditions, impossible d'accepter l'hypothèse, formulée par S. de MARTINO, selon laquelle Himuili et Kantuzzili seraient les fils de Tuthaliya et auraient fait monter leur père sur le trône en tuant Muwatalli[39]. Tuthaliya I était certainement un homme jeune lors de son avènement. Son père, et non ses fils, a joué un rôle

---

[36] H. OTTEN, "Das hethitische Königshaus", 1987, 29-30 a amélioré les lectures de KUB XXXIV 40 proposées par S. BIN-NUN, *Tawananna*, 1975, 266-268 : 8' ...SAL.]LUGAL AMA-*KU-NU* ku-en-zi šu-ma-a-ša[(-) 9' p]í-ra-an-na ^{m}Ḫi-mu-i-li-iš ^{m}Kán-t[u-uz-zi-li-iš-ša /10' ^{m}Mu-w]a-at-ta-al-li-in ku-e-ni-ir nu(-)x[/11']x a-ap-pa-ma a-pí-da-aš-pát UD$^{!ḪI.A}$-a[š /12' ^{m}M]u-u—wa-a-aš SAL.LUGAL AMA-*KU-NU* ku-en-zi / 13'] ku-en- zi / 14']LUGAL-aš SAL.LUGAL-aš-ša kat-ta-an ti-i-e[-er / 15'[nu-uš-ša-an]ḫu-iš-nu-e-er nu-za LUGAL-uš] SAL.L[UGAL-aš-ša / 16']x *IT-TI* LÚ.MEŠGAL.GAL kat-ta [(-) /17'[LUGAL-uš] SAL.LUGAL-aš-ša ^{m}Ḫi-mu-u-i-li-in / 18' t]i-zi-li-ša Ù LÚ^{MEŠ}GAL.GAL/ 19']-at // 20' LÚ^{MEŠ}GAL.GAL pa-aḫ-ši nu-uš / 21']x-x-ša-an //.

[37] I. HOFFMANN, "Einige Überlegungen zum Verfasser des Madduwatta-Textes", *OR* 53, 1984, 34-51; contra J. FREU, "Problèmes de Chronologie et de Géographie Hittites, Madduwatta et les Débuts de l'Empire", *Hethitica* 8, *Acta Anatolica E. LAROCHE oblata*, 1987, 123-175, pp. 125-126 et passim.

[38] G. BECKMAN, "The Hittite Assembly", *JAOS* 102, 1982, 435-442; C. MORA, "Il ruolo politico-sociale di *pankus* e *tulijas* : revisione di un problema", *St. Medit.* 4, 1983, 159-184.

[39] S. de MARTINO, "Quattro studi ittiti", *EOTHEN* 4, 1991, 5-21, pp. 17-19 et passim.

dans le "coup d'état". Il faut aussi souligner l'importance de la mention, en KUB XXXIV 40, de deux reines, la "reine-mère" assassinée par Muwa et la souveraine qui partage le pouvoir avec son mari, sur un pied d'égalité que met en valeur notre fragment. En effet, les fils de la première avaient indiscutablement plus de droits au trône que le monarque qui leur a, aux côtés de la "jeune reine", apporté aide et protection après leur crime. Les premières reines de la dynastie impériale connues par les listes portent toutes des noms hourrites et sont citées, à une exception près, dans un ordre précis : Nikalmati (avec un Tuthaliya, après le couple Huzziya-Summiri), Ašmunikal (avec Arnuwanda), et Daduḫepa (avec Suppiluliuma, après divers princes dont un fils d'Arnuwanda). Mais la description d'une cérémonie de la "fête *nuntariyasḫa*" qui se déroulait à Tahurpa en présence de la reine (CTH 626.IV) ajoute un quatrième nom en tête de liste, celui de Walanni. La séquence canonique est alors : Walanni, Nikalmati, Ašmunikal, Daduḫepa, Ḫenti et Tawananna. Tous les autres noms étant ceux de reines, il est certain que la première de ces femmes a régné[40]. E. LAROCHE et O.R. GURNEY ont proposé de voir en elle l'épouse de Hattusili II[41]. Il vaut mieux en faire la femme de Tuthaliya I et l'héritière de l'ancienne famille royale. L'onomastique hittite, et plus généralement anatolienne, est riche en noms dont le premier élément est "*wala/i-*" (NH n°s 1468-1486). On le retrouve dans de nombreux anthroponymes appartenant à des "Cappadociens" (Walahsina, Walahsu, Walapra etc.) et le second terme du composé est souvent anatolien (Walahsu, Walanni, etc.)[42]. Si Walanni a été la première reine d'une nouvelle famille royale, on peut croire, puisqu'elle porte un nom anatolien, qu'elle était l'héritière de l'ancienne dynastie. Le catalogue d'E. LAROCHE ne connaît qu'une Walanni (NH n° 1472) définie comme "reine hittite, femme de Hattusili II ?" et identifie cette souveraine avec la "princesse" nommée par les listes d'offrandes[43]. Il est curieux que cette Walanni soit parfois associée à un Kantuzzili. O. CARRUBA a posé la question de savoir si ces textes rédigés tardivement n'ont pas confondu les époques en plaçant à la suite d'Arnuwanda ou des fils de Suppiluliuma des princes ayant vécu avant Tuthaliya I[44]. L'analyse des listes montre que ces dernières offrent des séries bien ordonnées des rois de l'Ancien et du Moyen Royaumes, chaque monarque, sauf Hantili II, étant accompagné d'une reine, depuis le couple Tabarna-Tawananna jusqu'à la paire Huzziya-Summeri. Ce qui est conforme à toute notre documentation[45]. Ne manquent que les noms des personnages considérés comme

---

40 H. OTTEN, *MDOG* 83, 1951, 57-58; S. BIN-NUN, *Tawananna*, 1975, 162-164, 197-200.

41 E. LAROCHE, *Ugaritica* 3, 1956, 101, table p. 120; O.R. GURNEY, "The Anointing of Tuthaliya", *St. Medit. I, P. MERIGGI dicata*, 1979, 213-223, pp. 220-221 et n. 21.

42 E. LAROCHE, *NH*, n°s 1468-1475 pp. 202-203.

43 Walanni suit Kantuzzili dans la "liste D" (KUB Xl 10, 6), la "liste E2" (KUB XI 8 + 9, Vo 12) et, peut-être, dans la "liste F" (KUB XXXVI 124 I 10), *MDOG* 83 pp. 66, 69-70.

44 O. CARRUBA, "*Stato e Società*", 1988, 211.

45 H. OTTEN, *Quellen*, 1968, 122-125; S. BIN-NUN, *Tawananna*, 1975, Table I p. 299, II p. 300; OTTEN faisait de Nikalmati l'héritière de la famille du "Mittleren Reiches", *ibid.*

des usurpateurs, Zidanta (I), Huzziya (I), Tahurwaili et Muwatalli (I) dont les règnes ont été brefs[46]. Les noms des princes insérés dans cette partie de la liste sont peu nombreux et mis à leur juste place.

À partir de Tuthaliya-Nikalmati, de nombreux princes et princesses, aux noms hourrites en majorité, sont difficilement identifiables et leur position varie d'une liste à l'autre. Des rois et, en particulier, le père de Suppiluliuma, se cachent-ils sous un déguisement hourrite ? Si Kantuzzili et Walanni ont été mal placés et se confondent avec le prince coresponsable du meurtre de Muwatalli I et avec la reine qui est montée sur le trône à cette occasion, il faut admettre que cette souveraine était la "fille de premier rang" du dernier couple royal légitime, celui formé par Huzziya II et Summiri. Dans cette hypothèse Himuili et Kantuzzili étaient ses frères. Walanni héritait de sa mère Summiri, assassinée par le chef prétorien de Muwatalli I, Muwa, et se devait de protéger les deux princes qui avaient échoué dans leur tentative pour s'emparer du pouvoir. Elle apportait ainsi à son mari l'appui des milieux "légitimistes". Tuthaliya I a dû, comme Telepinu, écarter ses beaux-frères pour accéder au pouvoir suprême. Mais, profitant de la lutte qui opposait les partisans de Muwatalli et les fils de sa victime, il a pu s'imposer avec l'appui de son père et de son clan tout en ralliant à sa cause des princes qui, en toute logique, auraient dû s'opposer à lui. Il est certain que sa famille plongeait ses racines dans un milieu fortement hourritisé ayant des liens avec le Kizzuwatna, pays où convergeaient les influences louvites, qu'O. CARRUBA voit triompher avec le roi Muwatalli I, "hittites" et hourrites[47]. On peut donc s'interroger sur la présence d'un "PU- Šarruma, fils de Tuthaliya", placé en tête des rois de "l'Ancien Royaume" par l'exemplaire C des listes d'offrandes[48]. Cette position privilégiée (KUB XI 7 + XXXVI 122 19) avait amené les spécialistes à faire de lui le fondateur de la monarchie hittite[49]. H.G. GÜTERBOCK a montré naguère l'invraisemblance d'une reconstruction qui faisait d'un prince au nom hourrite, à transcrire Hišmi- ou Tašmi- Šarruma, le père de Labarna[50]. Le dieu Šarruma, d'origine louvite et kizzuwatnienne, était devenu le "dieu-fils" de la triade hourrite quand les listes ont été composées. Le théophore se rattache donc à l'onomastique hourrite[51]. Il serait tentant de faire de

---

p. 113, malgré son nom hourrite; ASTOUR, *SIMA* 73, 74, voyait en elle la fille d'Alluwamna et de Harapseki !

46 Cf. n. 13 sur la présence supposée de Huzziya (I) dans les listes d'offrandes.

47 O. CARRUBA, "Muwatalli I", *X.TTKY*, Ankara 1990, 539-554, p. 551 et passim.

48 E. LAROCHE, *NH* n° 371. 2, s. Vo Ḫišmi Šarruma; H. OTTEN, *MDOG* 83, 1951, 65 (KUB XI 7 I 19).

49 O.R. GURNEY, *The Hittites*, 1e édition, 1952, "Table of the Hittite Kings" p. 216.

50 H.G. GÜTERBOCK, *Cahiers d'Histoire Mondiale* 2, 1954, 386-388, n. 26; le tableau de GURNEY, modifié par lui dans les éditions récentes de "*The Hittites*", est repris par BEAL, *TdH* 20, 1992, 560.

51 E. LAROCHE, "Le dieu anatolien Sarruma", *Syria* 40, 1963, 277-302; sur le nom PU-LUGAL/Šarru-ma : E. LAROCHE, "Matériaux pour l'étude des relations entre Ugarit et L'Égypte", *Ugaritica* 3, 1956, 97-160, pp. 117-119; H. KLENGEL, "Tuthaliya IV. von Hatti : Prolegomena zu einer Biographie", *AoF* 18, 1991, 224-238, pp. 228-229;

ce PU- Šarruma le père de Tuthaliya I plutôt que son fils. Malgré les doutes émis récemment[52] il est certain que plusieurs rois de l'Empire, sinon tous, ont eu "un double nom", un "nom de naissance" hourrite et un "nom de trône" hittite[53]. Toutes les reines dont le nom est connu, à l'exception de la "Tawananna babylonienne" et de Gassulawiya, ont sacrifié à la mode onomastique hourrite, même si elles étaient, en fait, d'origine louvite. De nombreux princes et dignitaires sont dans le même cas[54]. Les souverains ont choisi leurs épouses dans un milieu particulier dont eux-mêmes étaient issus. L'exemple de la reine Puduhepa, "fille de la cité de Kizzuwatna" et d'un prêtre de la déesse Ištar-Šauška de Lawanzantiya, n'a pas été un cas unique mais la confirmation d'une règle générale. L'avènement de Tuthaliya I a marqué une profonde rupture avec le passé "anatolien" de l'ancienne monarchie hittite.

Il est, par ailleurs, étrange que, des trois Tuthaliya qui ont régné à Hattusa avant Suppiluliuma, seul le mari de Nikalmati a eu droit à une mention dans le catalogue de rois et de princes, 44 au total selon le texte E, bénéficiant d'offrandes funéraires[55]. Le couple Tuthaliya-Nikalmati est toujours cité après la paire Huzziya-Summiri mais il existe des doutes, le cas de Muwatalli I mis à part, sur la possibilité d'une telle succession. La tendance actuelle est de faire de Tuthaliya II, époux de Nikalmati, le fondateur de la "seconde dynastie" et de voir dans ce monarque à la fois le conquérant d'Alep et le vainqueur de l'Assuwa, unissant en sa personne les n[os] I et II de la liste des Tuthaliya[56]. Des objections, qui semblent décisives, encouragent à rejeter une telle solution, préconisée d'abord par les défenseurs de la "chronologie basse" :

1. La publication en 1971 du rituel de contre-magie destiné à protéger Tuthaliya et Nikalmati des manoeuvres criminelles de la soeur du roi, Ziplantawiya, au nom anatolien, prouve que celle-ci était fille de roi et pouvait faire valoir ses droits, ceux de son mari ou de ses fils au trône de Hatti[57]. Mais si Tuthaliya et Nikalmati n'ont pas été les ancêtres de leur

---

D. Sürenhagen, "Untersuchungen zur Bronzetafel und weiteren Verträgen mit der Sekundogenitur in Tarhuntassa", *OLZ* 87, 1992, 341-371, n. 84, col. 360-361.

52 C. Mora, "KUB XXI 33", *SMEA* 29, 1992, 142; contra H. Otten, "Zu einigen Neufunden", 1993, 27, n. 38.

53 E. Laroche, "Le problème des noms doubles", *NH*, 1966, 358-362.

54 H.G. Güterbock, *CHM/JWH* 2, 1954, 384-391; E. Laroche, "Les Hourrites dans la société hittite", *NH*, 355-358, liste p. 357 incluant les théophores formés avec le nom du dieu Šarruma.

55 H. Otten, *MDOG* 83, 1951, 68 (liste E III 14).

56 P.H.J. Houwink ten Cate, *The Records of the Early Hittite Empire* (c. 1450-1380 B.C.), Istanbul, 1970, 57-60, 74-79; H. Otten, *Quellen*, 1968, 17; M.C. Astour, *SIMA* 73, 1989, 51-68, Chart IV p. 77; J. Klinger, E. Neu, *Hethitica* 10, 1990, 139; G. Wilhelm (qui, comme Carruba et Beal, fait de Tuthaliya I/II un rejeton de l'ancienne famille royale) apud P. Neve, *Hattusa*, 1993, Abb. 238 p. 86; S. de Martino, *PdP* 48, 1993, 226-230, table p.229.

57 G. Szabó, *Ein hethitische Entsühnungsritual für das Königspaar Tuthalija und Nikalmati, TdH* 1, 1971 (CTH 443); E. Masson, "Le texte hittite KBo IV 10+ : possibilités de datation", *Serta Indogermanica, Fest. G. Neumann*, Innsbrück, 1982, 155-169.

lignée il faut postuler, sur la base du traité d'Alep, un Tuthaliya plus ancien, sans doute grand-père du second, et le placer en tête de la dynastie en lui donnant pour successeur son fils Hattusili II. Comme l'a souligné V. HAAS, l'usage fréquent de la papponymie dans l'Orient Ancien donne un poids supplémentaire à cette solution[58].

2. Dans le traité d'Alep (CTH 75) les rois cités dans "l'introduction historique" sont , dans l'ordre, Hattusili, Mursili, Tuthaliya, Hattusili et Suppiluliuma. Malgré les efforts faits pour confondre les deux rois homonymes, la différence des situations politiques rencontrées en Syrie montre que le premier Hattusili mentionné par le texte est le monarque de l'Ancien Royaume dont l'adversaire était le puissant royaume du Yamḫad, alors que le second intervient en tant que partenaire des pays de Nuḫašše et d'Aštata, héritiers, à l'Âge du Bronze Récent, du Yamḫad[59].

3. La redadation du traité conclu avec Sunassura de Kizzuwatna, qui était unanimement attribué à Suppiluliuma I, est la meilleure preuve de la nécessité où l'on est de distinguer Tuthaliya I et Tuthaliya II. G. WILHELM a récemment montré qu'il fallait lire à la première ligne de CTH 41.I (KBo I 5) : "N]A4.KIŠIB [mTu]-u[t-ḫ]a-[li-y]a", sceau de Tuthaliya[60]. L'auteur de l'accord ne peut être le père de Suppiluliuma, Tuthaliya III car nous n'avons aucune attestation de la conquête du Kizzuwatna par ce dernier ou par son fils. Le texte de "l'invasion concentrique" affirme, au contraire, que la ville de ce nom, possession hittite, a été atteinte par les ennemis du Hatti à la fin du règne de Tuthaliya III[61]. L'installation de princes hittites comme "prêtres" de Kizzuwatna "confirme que la prise de possession de la province a suivi sa conquête par Tuthaliya II et son fils corégent Arnuwanda I, qui est attestée par leurs annales conjointes[62].

---

58 A. KAMMENHUBER, "Die Vorgänger Suppiluliumas I.", *OR* 9, 1970, 278-286; O.R. GURNEY, *St. Medit.* I, 1979, 213-223, table p. 221; v. HAAS, "Betrachtungen zur Dynastie von Hattusa im Mittleren Reich (ca 1450-1380)", *AoF* 12, 1985, n. 10 p. 270; S. KOŠAK, "The Rulers of the Early Empire", *Tel Aviv* 7, 1980, 163-168.

59 M.C. ASTOUR, "Ḫattušiliš, Ḫalab, and Ḫanigalbat", *JNES* 31, 1972, 102-109; ID., *SIMA* 73, 1989, 39-49, identifie les deux Hattusili cités par CTH 75; contra N. NA'AMAN, *JCS* 32, 1980, 34-42.

60 "Zur ersten Zeile des Šunaššura-Vertrages", *Fest. H. OTTEN*, 1988, 360-370, transcr. p. 362; R.H. BEAL, "The History of Kizzuwatna", *OR* 55, 1986, 439-445; J. FREU, "Les guerres syriennes de Suppiluliuma et la fin de l'ère amarnienne", *Hethitica* 11, 1992, 49-51; contra M.C. ASTOUR, *SIMA* 73, 1989, 69, qui laisse CTH 41.I à Suppiluliuma; de même A. ALTMAN, "On the legal meaning of some of the assertions in the 'historical prologue' of the Kizzuwatna treaty (KBo I 5)", *Bar Ilan Studies in Assyriology, Fest. P. ARTZI*, 1990, 178-206, p. 185 et n. 13.

61 KBo VI 28 Vo 14; A. GOETZE, *Kizzuwatna*, 1940, 21-22.

62 KUB XXIII 21 Ro II 2-10 (CTH 143); O. CARRUBA, *SMEA* 18, 1977, 166-167; R.H. BEAL, *OR* 55, 1986, 440; concernant les "prêtres de Kizzuwatna", *ibid.*, 435-436 et

La lettre de Maşat Höyük, Mşt 75/52, récemment publiée par S. ALP, avait pour auteur "un prêtre" (LÚSANGA) et avait été expédiée de Kizzuwatna[63]. Le prêtre en question est, très probablement, le prince Kantuzzili, "grand prêtre de Kizzuwatna" et auteur d'une prière au Soleil. Il est donc certain qu'au cours du règne de Tuthaliya III (ca 1375-1348) la ville (= Kummani) et le pays de Kizzuwatna étaient aux mains du roi hittite. Le Tuthaliya qui a scellé CTH 41.I est sûrement le second roi de ce nom, fils de Hattusili II et père (adoptif ?) d'Arnuwanda I. Il est normal qu'il évoque la situation du Kizzuwatna (et de l'Isuwa) au temps de son grand-père et du grand-père de son rival, le roi hourrite, dans le préambule du traité. Le grand-père du souverain auteur de CTH 41.I ne peut être que Tuthaliya I, le conquérant d'Alep, qui n'a pu envahir la Syrie qu'après avoir réglé le problème de ses relations avec un pays, le Kizzuwatna, qui contrôlait les passages du Taurus et de l'Amanus et qui était devenu le vassal des rois de Mitanni (de 1500 à 1460 av. J.-C., environ), après avoir été l'allié des rois hittites[64]. Les démonstrations de WILHELM et de BEAL au sujet de CTH 41.I apportent donc une confirmation éclatante aux thèses de GURNEY et de HAAS[65] concernant la généalogie des ancêtres de Suppiluliuma, qui se présente ainsi :

Tuthaliya I	(ca 1465-1440)	——— reine	Walanni (?)
Hattusili II, fils	(ca 1440-1425)	——— "	Ašmuḫepa (?)
Tuthaliya II, fils	(ca 1425-1390)	——— "	Nikălmati
Arnuwanda I, fils (fils adoptif, gendre ?)	(ca 1400-1370)	——— "	Ašmunikal
Tuthaliya III, fils	(ca 1375-1348)	——— "	Daduḫepa
Suppiluliuma, fils	(ca 1353-1322)	——— "	Ḫenti
		"	Tawananna

4. L'identification des princes Himuili et Kantuzzili, meurtriers du roi Muwatalli I, qui ont bénéficié de la protection de Tuthaliya I et de la reine, sans doute Walanni, va dans le même sens. Fils d'une reine, très certainement Summiri, et de son mari, le roi Huzziya II, il faut les distinguer soigneusement des personnages homonymes, d'autant plus que

n. 59; T.R. BRYCE, "The role of Telepinu, the priest, in the hittite kingdom", *Hethitica* 11, 1992, 5-18.

63 S. ALP, *Hethitische Briefe aus Maşat Höyük*, Ankara 1991, n° 74 (Mşt 75/52), 111-112, 262-263.

64 A. GOETZE, *Kizzuwatna and the Problem of Hittite Geography,* New Haven 1940, 4-8, 36-71; 75-81; R.H. BEAL, *OR* 55, 1986, 424-445; S. de MARTINO, "Il ductus come strumento di datazione nella filologia ittita", *PdP* 47, 1992, 81-98, pp. 95-96 ("Il trattato con Sunassura di Kizzuwatna").

65 O.R. GURNEY, *St. Med.* I, 1979, 213-223; V. HAAS, *AoF* 12, 1985, 269-277.

la tendance actuelle est de les confondre tous[66]. Un critère formel permet de reconnaître les deux frères. Seuls, en effet, les acteurs de la révolution dynastique sont cités ensemble, dans un ordre immuable, Himuili, l'aîné, en tête et Kantuzzili en second. Le "Landschenkung" KBo XXXII 185 en est le premier exemple. Muwa, le chef prétorien, précède, dans cet acte du roi Muwatalli I , le "chef des fils du palais", Himuili, et le "commandant des écuyers d'or", Kantuzzili (Vo 12-14). KUB XXXIV 40 qui les désigne comme deux frères, "fils de la reine", confirme cette relation. Kantuzzili est seul mentionné dans le texte annalistique KUB XXIII 16, mais le fait que l'adversaire qu'il combat au côté du roi Tuthaliya et du "père du roi" est Muwa, meurtrier de sa mère, devenu l'allié des Hourrites, rend son identité certaine[67]. E. LAROCHE a regroupé dans CTH 271 les fragments d'une même composition, à laquelle se rattachent KUB XXXIV 40 et 41, XXXVI 112, 113, 114 et 116[68]. Le meurtre de la reine est évoqué par CTH 271.2 qui cite Himuili (2'-3', 7'); CTH 271, 3+6, sont les fr. d'un même texte enjoignant aux deux princes de lutter contre un adversaire (LÚ*ḫantititalla*), sans doute Muwa; et CTH 271.4 les prie de protéger le roi, la reine et leurs enfants du "poignard" qui les menace (5'-6'). KUB XXXVI 114 (CTH 271.5), instruction adressée à Himuili, Kantuzzili, leurs fils et leurs descendants les invite à reconnaître, à l'instar de "tous les hommes du Hatti" (LÚMEŠ URU*Ḫatti pankuš*, 18') l'héritier du trône désigné par le roi (22'-23').
Le discours moralisateur d'un roi Tuthaliya, KUB XXVI 81, a le même ton que les "protocoles de succession dynastique". Il se termine par la proclamation de l'héritier au trône choisi par le roi, le *tuḫkanti*[69]. Mais le texte peut appartenir à l'un ou l'autre des trois premiers rois de ce nom.
Les autres personnages nommés Himuili ou Kantuzzili apparaissent séparés dans des contextes très différents. Le Kantuzzili, prêtre de Kizzuwatna, est peut-être désigné comme le frère d'un Tuthaliya dans le second fragment de la Geste de Suppiluliuma[70]. Ailleurs il est associé à des "fils royaux", Mannini, Pariyawatra, Tulpi-Tešup, considérés

---

66 E. LAROCHE, *NH* n° 361 p. 67(Himuili), n° 503 p. 85 (Kantuzzili), Sup. *Hethitica* 4, 1981, 15 (Himuili), 19 (Kantuzzili); S. de MARTINO, *EOTHEN* 4, 1991, 5-21; ID., *PdP* 48, 1993, 226-227; J. KLINGER *ZA* 85, 1995, 86-87 (Himuili), 91 (id.), 93-99 (LÚSANGA, Kantuzzili).

67 O. CARRUBA, *SMEA* 18, 1977, 162-163; H. OTTEN, "Die hethitische Königshaus", 1987, n. 43 pp. 33-34; R.H. BEAL *TdH* 20, 1992, 333 et n. 1269; S. de MARTINO, *EOTHEN* 4, 1991,12-13; J. KLINGER, *ZA* 85, 1995, 95.

68 O. CARRUBA, *SMEA* 18, 1977, 184-189.

69 *Ibid.*, 186-187.

70 H.G. GUTERBOCK, *JCS* 10, 1956, fr. 2 p.60 lisait "*PA-NI* mKan-tu[-uz-zi-li DUMU(?)mD]u-ut-ḫa-l[i-ya", mais "ŠEŠ" est plus probable : J. FREU, "Les Archives de Maşat Höyük, l'Histoire du Moyen Empire Hittite et la Géographie du pays Gasga", *LAMA* 8, 1983, 120; R.H. BEAL, *TdH* 20, 1992, 321, n. 1225.

d'abord comme les fils de la reine Nikalmati[71] mais que des textes récemment publiés mettent en rapport avec sa fille, Ašmunikal, et avec le roi Tuthaliya III[72]. Il n'est plus question d'un Himuili dans ce cercle qui appartient à une génération plus récente que celle des contemporains de Muwatalli I et de Tuthaliya I. Himuili, gouverneur de Tapikka (Maşat Höyük), est dans le même cas[73], ainsi que d'autres personnages homonymes cités dans d'autres fragments des "protocoles de succession" ou dans les traités conclus avec les Gasgas, tous textes datant d'Arnuwanda I ou de Tuthaliya III. Le "protocole" KUB XXXVI 118 + 119 en est le meilleur exemple[74].

5. Un critère formel permet aussi de distinguer les deux premiers Tuthaliya, le fondateur de la dynastie et son petit-fils. Tuthaliya II, en effet, n'a jamais manqué de rappeler son grand exploit, la campagne d'Assuwa[75]. La découverte d'une épée de bronze, de "type égéen", portant l'inscription : "Quand Tuthaliya, grand roi, a détruit le pays d'Assuwa, il a dédié cette épée au dieu de l'Orage", est venue récemment confirmer la proclamation royale qui introduit l'édit de réforme CTH 258 (KUB XL 62 + XIII 9) : "Ainsi parle le *tabarna* Tuthaliya, grand roi : "Quand j'eus détruit le pays d'Assuwa..."[76]. Jamais il ne se vante d'avoir détruit Alep. De tous les textes qu'on peut attribuer au second Tuthaliya, annales, instructions, et autres, aucun ne fait mention d'Alep. C'est à la fin de son règne, après avoir fait proclamer "grand roi" son fils (adoptif ?), Arnuwanda, que Tuthaliya II a conquis le

---

71 F. IMPARATI, "Il culto della dea Ningal presso gli Ittiti", *St. Med.* I, 1979, 293-324; ID., "Une reine de Hatti vénère la déesse Ningal", *Flor. Anat. E. LAROCHE*, 1979, 169-176.

72 E. NEU "Überlieferung und Datierung der Kaškäer-Verträge", *Beiträge zur Altertumskunde Kleinasiens, Fest. K. BITTEL*, 1983, 391-398, p. 396 (fr. 1691/u et 577/u de CTH 375); J. KLINGER, *ZA* 85, 1995, 96-97.

73 S. ALP, *Hethitische Briefe aus Maşat Höyük*, 1991, 59-62 et passim.

74 O. CARRUBA, *SMEA* 18, 1977, 192-195; E. von SCHULER, Die *KašKäer*, 1965, s. Vbis Himuili 1 et 2; cf. les articles de F. IMPARATI cités n. 71; H. OTTEN, *ZA* 80, 1990, 224-226 (XXXVI 118 + 119).

75 J. GARSTANG, O.R. GURNEY, *The Geography of the Hittite Empire*, Londres 1959, 121-123 (CTH 142); O. CARRUBA, *SMEA* 18, 1977, 158-161; J. FREU, "Luwiya, Géographie historique des provinces méridionales de l'empire hittite : Kizzuwatna, Arzawa, Lukka, Milawatta", *LAMA* 6/2, 1980, 177-352, pp. 327-331; A. ERTEKIN, I. EDIZ, "The Unique Sword from Boğazköy/Ḫattuša", *Aspects of Art and Iconography : Anatolia and its Neighbours, St. N. Özgüç*, 1993, 719-725; A. ÜNAL, *ibid.*, 727-730; M. SALVINI, L. VAGNETTI, "Una Spada di Tipo Egeo da Boğazköy", *PdP* 49, 1994, 215-236.

76 R. WESTBROOK, R.D. WOODARD, "The Edict of Tuthaliya IV", *JAOS* 110, 1990, 641-659, pp. 642-643, datent le texte du 13e siècle; il s'agit d'une "copie" d'un texte moyen-hittite : l'Assuwa a disparu après la campagne de Tuthaliya II et diverses caractéristiques de la tablette rendent quasiment certaine la datation de l'original, ce qui est l'avis de J. KLINGER, E. NEU, *Hethitica* 10, 1990, 146.

Kizzuwatna, en compagnie de son corégent[77]. Par ailleurs les détails qu'il nous donne concernant son avènement excluent l'idée qu'il puisse être le successeur de Muwatalli I et un prince dont le père était un homme actif lors de son accession au trône. L'introduction de ses annales dit en effet : "Ainsi (parle) le taba]rna Tuthaliya, grand roi : ["Quand] mon [père] devint dieu (= mourut)/ j'étais [jeune/le *tuḫkanti*] et le roi du pays d'Arzawa [vint me combattre (?)" (CTH 142.1, KUB XXIII 27 I 1-4; SMEA 18, 1977, 156-157). Que l'on adopte l'une ou l'autre des lectures possibles il résulte de ce passage que Tuthaliya (II) a succédé à son père et que cet événement n'a pas de point commun avec la crise qui a secoué la monarchie hittite lors du meurtre de Muwatalli et de l'avènement de Tuthaliya I.

On doit rendre au premier Tuthaliya, grand-père du second, tous les textes ayant un rapport direct ou indirect avec la révolution dynastique et la prise d'Alep. H. Otten a montré que le fragment annalistique KUB XXIII 16 (CTH 211.6) nous renseignait sur les origines du conflit qui a opposé pendant plus d'un siècle rois hittites et souverains du Hurri/Mitanni[78]. Le début du texte est perdu dans une lacune mais il est probable que, selon une jurisprudence constante, le roi de Hatti avait envoyé un "ultimatum" au Hourrite pour lui réclamer l'extradition de sujets fugitifs ou rebelles. Quand le fragment devient lisible on retrouve le "père du roi" en butte aux attaques de Muwa, sûrement l'ancien GAL.*MEŠEDI* de Muwatalli I, qui est soutenu par les Hourrites (XXIII 16 III 2'-3'). Le second paragraphe fait le récit de l'assaut mené par les troupes et les chars de Muwa contre Kantuzzili (ibid., 4'-6'). La victoire remportée par le prince et le roi (*Kantuzzili uqqa* LUGAL-*uš*, 7'-9') est mentionnée ensuite. Cinq personnages, dont quatre sont clairement nommés, sont cités : le "père du roi", déjà présent près de son fils dans des circonstances semblables selon CTH 40, fr. 50 et 51; le roi qui parle, comme dans les deux autres fragments, à la première personne (*uk Tuthali*[*ya*, l.13' répond à *uqqa* LUGAL-*uš* de la 1.7'); les princes Kantuzzili et Muwa dont la présence rend certaine l'identité du roi hittite[79]; enfin KAR-tasura, à lire vraisemblablement Kirtasura, dont le nom, proche de celui de l'ancêtre de la dynastie mitannienne, Kirta, montre qu'il était le commandant des forces hourrites et sans doute un membre de la famille royale[80]. Il est possible de trouver un écho de ces événements dans le 3e fr. de la Geste de Suppiluliuma (2 BoTU 32 = KUB XIV 22, JCS 10, 1956, 60) qui commémore la victoire d'un Kantuzzili dans la région d'Arziya, vers le

---

77 KUB XXIII 21 Ro II 2'-4'; O. Carruba, *SMEA* 18, 1977, 166-167; R.H. Beal, *OR* 55, 1986, 440.

78 H. Otten, "*Die hethitische Königshaus*", 1987, n. 43 pp. 33-34.

79 J. Freu, "L'Histoire du Moyen Empire", *LAMA* 8, 1983, 118-119.

80 *NH* n° 529 p. 88; J. Freu, "Les dieux des Aryas occidentaux dans les textes cunéiformes", *LAMA* 13, 1994, 209-226, pp. 215-216 (un "asura" ou le dieu Asura "a fait (kṛta en sanscrit)" KAR-tasura.

haut-Euphrate (RGTC 6, 45), et a une expression, "ÉRIN^{MEŠ} ^{LÚ}KÚR pangarit BA.BAD", "les troupes ennemies moururent en masse", que l'on retrouve dans le texte de Tuthaliya I (comparer XXIII 16 III 9' et XIV 22 I 12'). Le conflit qui avait débuté par une guerre civile accompagnée d'une intervention étrangère s'est ensuite déplacé vers le sud. Tuthaliya I a repris la politique d'expansion vers la Syrie inaugurée par Hattusili I et Mursili I et abandonnée par leurs successeurs. Le traité d'Alep (CTH 75), rédigé sous Mursili II (1321-ca 1295 av. J.-C.) et recopié sous Muwatalli II (ca 1295-1270) présente ainsi l'action de Tuthaliya : "Quand le grand roi Tuthaliya monta sur le trône de la royauté, le roi de Ḫalab fit la paix avec lui mais ensuite il se détourna (de lui). Et le roi de Ḫalab fit alors un traité avec le roi de Ḫanigalbat (Mitanni dans une autre version). Et le roi de Ḫanigalbat/Mitanni et le roi de Ḫalab, à cause de cela, lui (i.e. Tuthaliya) les anéantit, eux et leurs pays, et il rasa la cité de Ḫalab" (KBo I 6 (+) I 15-18)[81]. Ce texte d'époque impériale pose de difficiles problèmes d'interprétation. Le grand royaume du Yamḫad dont Alep était la capitale avait subi les assauts de Hattusili I et de son successeur Mursili I qui l'avait détruit. Le royaume restauré par "Abban, fils de Šarran", dont le sceau a servi de "sceau dynastique" à leurs descendants, a duré jusqu'à Ilimilimma, le père du roi d'Alalaḫ, Idrimi, victime d'une révolte, sans doute suscitée par le roi hourrite Barattarna I vers 1500 avant notre ère[82]. Les textes d'Alalaḫ IV montrent que la ville d'Alep était annexée au domaine royal mitannien après cette date[83]. La mention d'un "roi de Ḫalab" dans le préambule d'un traité rédigé un siècle et demi après les faits est suspecte. Il est cependant possible que le "grand roi des guerriers hourrites" ait installé un vassal à Alep après un laps de temps assez long dont témoignent les tablettes retrouvées à Açana (Alalaḫ) qui sont contemporaines des règnes de Barattarna I et de Saustatar I en Mitanni, et de ceux d'Idrimi et de Niqmepa à Alalaḫ[84]. Pour atteindre Alep, Tuthaliya I a dû d'abord soumettre le Kizzuwatna. On peut donc supposer que l'un des traités conclus avec ce pays soit son oeuvre. Il s'agirait de CTH 131 (KUB XXXVI 127) et de CTH 41.II (KUB VIII 81 + KBo XIX 89). Les deux fragments rédigés en langue hittite sont strictement parallèles mais l'un (CTH 131) parle du "roi de Mitanni" et l'autre du "roi de Hurri". Ils marquent une évolution par rapport aux traités précédents. Certaines clauses restent paritaires mais l'égalité des contractants est rompue au profit du roi de Hatti dans l'éventualité d'une attaque menée par le roi hourrite contre l'un ou l'autre des nouveaux associés[85]. Le

---

[81] N. Na'aman, *JCS* 32, 1980, 35-38 (CTH 75 I 15-18).

[82] Statue d'Idrimi, lignes 1-12, 45-58, *UF* 13, 1981, 204-205; H. Klengel, *ibid.*, 269-278.

[83] H. Klengel, *GS* I, 180-182, 229; ID., *UF* 13, 1981, 277 et n. 59; contra M.C. Astour, *OR* 38, 1969 qui fait d'Alep une possession d'Idrimi, ce qui est contredit par les textes AT 17 et AT 101.

[84] Cf. n. 31 et n. 83.

[85] G.R. Meyer, "Zwei neue Kizzuwatna-Verträge, *MIO* I, 1953, 108-124, pp. 121-124; H. Petschow, "Zur Noxalhaftung im hethitischen Recht", *ZA* 55, 1963, 237-250; G.F. del Monte, "Note sui trattati fra Hattusa e Kizzuwatna", *OA* 20, 1981, 203-221, pp. 214-221.

Sunassura de CTH 131 peut se confondre avec le vassal de Saustatar I et le contemporain de Niqmepa d'Alalaḫ, connu par AT 14. Il est alors impossible de l'identifier, comme on veut le faire, avec le partenaire de Tuthaliya II, qui a conclu CTH 41.I (rédigé en langue akkadienne) avec ce dernier[86]. Il est, en tout cas, très probable que le premier Sunassura a été le grand-père du second, conformément à la "règle papponymique". Mais si les "fragments hittites" du traité conclu avec un Sunassura ne sont que la version en langue nésite du traité akkadien, dont la graphie présente les mêmes caractéristiques archaïques que CTH 131 et 41.II[87], il faut admettre que le Kizzuwatna a été annexé purement et simplement par Tuthaliya I. En effet son petit-fils, Tuthaliya II, déclare dans le préambule de CTH 41.I : "Autrefois, au temps de mon grand-père, le pays de Kizzuwatna devint un pays hittite. Mais ensuite il se sépara du pays de Hatti et se tourna vers le pays de Hurri "(KBo I 5 I 5-7). R.H. BEAL a cherché à montrer que l'expression :"māt ^{āl}Ki-iz-zu-wa-at-ni ša māt ^{āl}Ḫa-at-ti ib-ba-ši" signifiait que le Kizzuwatna était devenu vassal des rois hittites et non "(part) of Hatti", comme le traduisait A. GOETZE suivi par la plupart des commentateurs[88]. Le sens obvie de la phrase reste cependant le plus probable. Deux solutions sont possibles : ou bien le successeur de Sunassura I, Talzu[89], a rejoint le camp hourrite à la fin du règne de Hattusili II, ou bien Tuthaliya I a-t-il annexé le Kizzuwatna lors de l'offensive qui a abouti à la destruction d'Alep, mettant fin au règne de Sunassura I. Dans ce cas Talzu aurait rétabli l'existence de son état avec l'aide des Hourrites avant que son successeur, Sunassura II, ne soit contraint de repasser sous la tutelle hittite vers 1420 av. J.-C., au début du règne de Tuthaliya II[90].

Les textes égyptiens apportent de précieux compléments aux sources hittites. Thutmosis I a atteint l'Euphrate[91] vers l'an 1500, ce qui a entraîné une

---

[86] M.C. ASTOUR, *SIMA* 73, 69, table p. 77, admet l'existence de deux Sunassura; contra R.H. BEAL, *OR* 55, 1986, 440-445, table p. 443 qui confond, à tort, le partenaire de Saustatar et celui de Tuthaliya II; de même J. KLINGER, E. NEU, *Hethitica* 10, 1990, 139, nn. 23-27 pp. 154-155; et S. de MARTINO, *PdP* 48, 1993, 228-230, table p. 229; les rois d'Alalaḫ, Idrimi et Niqmepa, le père et le fils, contemporains de Barattarna I et de Saustatar I (Hurri) et de Pilliya et Sunassura I (Kizzuwatna) se retrouvent séparés par une génération, ce qui n'a pas de justification; cf. AT 15, 3, AT 17 etc.

[87] G. WILHELM, *Fest. H. Otten*, 1988, 360-370; J. KLINGER, E. NEU, *Hethitica* 10, 1990, 139.

[88] A. GOETZE, Kizzuwatna, 1940, 37; R.H. BEAL, *OR* 55, 1986, 433 et n. 44.

[89] BEAL, *ibid.*, 443 et de MARTINO, *PdP* 48, 229, intercalent Talzu entre Pilliya et Sunassura et en font un contemporain de Huzziya II (et de Parsatatar), ce que démentent les textes d'Alalaḫ.

[90] Les annales de Tuthaliya (CTH 142) montrent que le roi a longé la frontière du Kizzuwatna (KUB XXIII 11/12 II 2' : Sa]liya, fleuve Limiya) dans sa lère campagne; le traité a dû être conclu peu après; les annales d'Arnuwanda (CTH 143) font le récit de la conquête du Kizzuwatna (XXIII 21 II 2'-5') par Tuthaliya et son fils corégent à la fin du règne.

[91] D.B. REDFORD, "A gate inscription from Karnak and egyptian involvement in western Asia during the early 18th dynasty", *JAOS* 99, 1979, 270-287; W. HELCK, *Die Beziehungen Ägyptens zu Vorderasien im 3. und 2. Jahrtausend v. Chr.*, Wiesbaden, 1962, 117-119; L. BRADBURY, "The Tombos Inscriptions", *Serapis* 8, 1984, 1-20; C. VANDERSLEYEN,

vive réaction des Hourrites, sans doute dirigés par Barattarna I, qui ont alors renforcé leur emprise en Syrie et attiré le Kizzuwatna dans leur camp. Thutmosis III a abandonné la stratégie des raids de pillage pour entreprendre la conquête méthodique de la Palestine et de la Syrie à partir de l'an XXII de son règne (1458 av. J.-C.), à l'époque où Tuthaliya I menait la guerre contre le Mitanni. Le pharaon a franchi l'Euphrate en l'an XXXIII (1447). À son retour à Memphis il a reçu cadeaux et messages apportés par les envoyés des rois de Babylone, d'Assur et de Hatti[92]. On peut supposer qu'une alliance, au moins tacite, a uni L'Égypte et le Hatti contre leur ennemi commun, le roi de Hurri/ Mitanni, sans doute Parsatatar[93]. Le traité prévoyant la déportation de Gasgas du pays de Kurustama en territoire égyptien a peut-être été signé à cette occasion, ou, quelques années plus tard, en l'an XLI du pharaon (1439), lors de l'arrivée d'une seconde ambassade hittite chargée d'annoncer l'avènement de Hattusili II à la cour égyptienne[94]. Les Égyptiens n'ont pas cherché à occuper la Syrie du nord. Ils n'ont pas attaqué Alalaḫ dont le prince, certainement Ilimilimma (II), le fils de Niqmepa, s'est empressé d'envoyer des "cadeaux" au pharaon en l'an XXXVIII. La dernière campagne de Thutmosis III, dirigée contre Tunip en l'an XLII (1438) a été suivie par une période de calme qui a duré jusqu'au début du règne d'Aménophis II (1427/1425) et qui a fourni à Hattusili II l'occasion d'intervenir de nouveau en Syrie[95]. L'ensemble de la documentation, et le fait que cinq générations de rois se sont succédé à Hattusa de Tuthaliya I à Tuthaliya III inclus, incite à placer la destruction d'Alep par le premier d'entre eux avant le raid de Thutmosis III au-delà de l'Euphrate. L'absence de Ḫalab dans les annales de ce pharaon s'explique : la ville était en ruines lors de son avancée en Syrie du nord. Les fouilles de Tall Munbāqa, sur la boucle de l'Euphrate, semblaient montrer que l'antique Ekalte, dont Suppiluliuma a fait une tête de pont du royaume de Karkemiš vers 1325 avant notre ère, avait été "traversée" par les Hittites de Tuthaliya I avant le passage des troupes égyptiennes et que les tablettes retrouvées au niveau IG II (Ibrahim Garten II) étaient antérieures à la destruction de la ville par Thutmosis III en 1447 av. J.-C. L'une d'elles, T 21, étaient un contrat dont la date avait été lue : "ITU li-li-a-tum/ MU BA.DU ^{m}Tu" (tr. inf., lignes 31-32), "mois de Liliatu/année (après que) Tu(thaliya) est venu"[96]. Les doutes émis à propos de la

---

L'Égypte et la Vallée du Nil, 2 (Nouvelle Clio), Paris 1995, 260-261, 294-310, 323-333, 376-380, reprend les thèses "révisionnistes" d'A. NIBBI (articles cités pp. LXXVIII-LXXIX), nie toute avance en profondeur des pharaons en Asie et minimise leurs relations avec les états asiatiques, le Hatti en particulier.

92 W. HELCK, *Die Beziehungen*, n. 144 p. 173.

93 D. SÜRENHAGEN, Paritätische Staatsvertrage aus hethitischer Sicht (CTH 379), Pavie, 1985, passim.

94 W. HELCK, *ibid.*, 173.

95 N. NA'AMAN *JCS* 32, 1980, 35-36 (CTH 75 I 19-32), 38-40 : les actions de Hattusili II en Syrie.

96 W. MAYER, "Die antike Name von Tall Munbāqa , die Schreiber und die chronologische Einordnung der Tafelfunde von Tall Munbāqa", *MDOG* 122, 1990, 45-66, pp. 65-66 (T 21).

stratigraphie du site et les liens qui unissent les tablettes de Tall Munbāqa et celles découvertes à Emar, datées de la fin du 14e et du 13e siècle, obligent à renoncer aux conclusions présentées par W. MAYER. Dans un article récent C. WILCKE a montré que la lecture la plus obvie de la ligne 32 de T 21 était en conformité avec les "traditions scribales du coude de l'Euphrate" : "MU MA(/BA)-DA(/DU) 1.KAM.MA"[97]. Tuthaliya n'a donc rien à faire ici. Mais il est certain, au témoignage d'autres sources, que le roi hittite a détruit Alep avant la chevauchée du pharaon en Syrie du nord.

Conclusion : la marche vers l'Empire

Il est difficile de mesurer l'ampleur et la durée de la mainmise hittite sur la Syrie du nord vers le milieu du 15e siècle avant notre ère. Des traités appartenant au corpus des "middle hittite texts" ont été conclus avec Tunip (CTH 135), le pays d'Aštata (KUB LVII 18) et, peut-être Alalaḫ (CTH 136). Les indications fournies par le traité d'Alep (CTH 75) font de Hattusili II le meilleur candidat à leur conclusion. Or CTH 135 mentionne le "père (du roi)" et un dignitaire du nom de Pithana (Ro I 24) qui avait été chargé de rendre à Tunip diverses localités (Ro I 4-28) qu'un certain Ilimilimma, le roi d'Alep ou le roi d'Alalaḫ, fils de Niqmepa, avait enlevé à cette cité. Il est donc vraisemblable que Tuthaliya I a conclu un premier accord avec Tunip et chargé l'ancien courtisan de Muwatalli I, rallié à sa cause après avoir été le bénéficiaire de la donation Bo 90/671, d'opérer des rectifications de frontières dans la région de l'Oronte[98].

Hattusili II et un roi de Mitanni, sans doute Saustatar II, se sont disputé le contrôle des pays de Nuḫašše et d'Aštata qui s'étaient partagé les dépouilles d'Alep. Tuthaliya II a fait face aux nouvelles menaces surgies au sud-ouest et à l'ouest de l'Anatolie. Il a combattu l'Arzawa, détruit la "confédération de l'Assuwa", et est entré en contact avec de nouveaux venus, les gens d'Aḫḫiya(wa), c'est-à-dire les Grecs mycéniens. Mais il a aussi rétabli le "protectorat" hittite sur le Kizzuwatna et combattu Saustatar II et les Hourrites en Isuwa, sur le haut-Euphrate. À la fin de son règne il a, en compagnie de son corégent, Arnuwanda I, conquis le Kizzuwatna, intégré définitivement au "domaine royal hittite" après cette action. Le recul de la puissance hittite, face aux Gasgas au nord et aux Hourrites à l'est a commencé au cours du règne d'Arnuwanda (ca 1400-1370) et s'est accentuée sous Tuthaliya III (ca 1375-1348). Le nadir du royaume de Hatti a coïncidé avec ce qu'il est convenu

---

97 C. WILCKE, "AḪ, die 'Bruder' von Emar, Untersuchungen zur Schreibertradition am Euphratknie", *Aula Orientalis* 10, 1992, 115-150, pp. 124-125 et nn. 39-40; N. BELLOTTO, "I LÚ.MEŠ.aḫ-ḫi-a a Emar", *AoF* 22, 1995, 210-228.

98 E.F. WEIDNER, *PDK*, 1923, 136-147 (CTH 135), n. 1 p. 136 conclut à la contemporanéité de CTH 41.I et de CTH 135; cf. H. KLENGEL, *GS* II, 82, 90-92; ID., *Syria*, 1992, 89-90 : CTH 135 donné à Tuthaliya I/II.

d'appeler "l'invasion concentrique" qui a précédé la prise du pouvoir par Suppiluliuma vers 1353 av. J.-C.[99]

L'importance du règne de Tuthaliya I tient tout d'abord au renouvellement du personnel dirigeant qui s'est opéré après son accession au trône. Dignitaires, reines et princes aux noms hourrites et louvites ont partagé le pouvoir avec la vieille aristocratie anatolienne. Les scribes ont recopié à l'envie mythes et rituels hourrites ou kizzuwatniens (louvites). Mais le premier Tuthaliya a aussi renoué avec la tradition conquérante et impériale qu'avaient inaugurée les fondateurs de l'état hittite, Hattusili I et Mursili I. Il a transmis ses ambitions expansionnistes, tournées vers les riches pays ciliciens et syriens, à ses descendants. Après les tentatives de Hattusili II et de Tuthaliya II, dont les entreprises ont abouti à des résultats partiels ou des échecs, ce sont les succès éclatants remportés par Suppiluliuma I, la défaite du Mitanni, devenu l'allié de l'Égypte, et la conquête durable de la Syrie du nord qui feront du Hatti un véritable empire à l'égal de l'Égypte, de Babylone, de l'Assyrie et du "pays d'Aḫḫiyawa" [100].

Adresse de l'auteur :

1, Les Hauts de Monte Carlo
F-06320 La Turbie
France

---

[99] A. GOETZE, *Kizzuwatna*, 1940, 21-26; J. FREU, *Hethitica* 11, 1992, 39-101, table pp. 94-97; les lettres d'el Amarna prouvent que Suppiluliuma a été, quelques années, le contemporain d'Aménophis III.

[100] Cf. la liste des "grands rois" dans le traité Tuthaliya IV-Sauškamuwa d'Amurru (CTH 105).

Abréviations inusuelles :

CHM/JWH : Cahiers d'histoire Mondiale/ Journal of World History, UNESCO, Paris.
LAMA : Publications du Centre de Recherches Comparatives sur les Langues de la Méditerranée Ancienne, Nice.

BCILL 85 : *Hethitica XIII*, 39-64

RITUELS DE MUWALANNI, À MANUZZIYA = CTH 703

René LEBRUN
Université Catholique de Louvain, Institut Orientaliste
et
Institut Catholique de Paris, École des Langues et Civilisations de l'Orient Ancien

La présente étude s'inscrit dans le cadre de nos recherches consacrées aux sanctuaires kizzuwatniens et à leur continuité cultuelle jusqu'à la période gréco-romaine. Il est évident que la ville de Manuzziya occupe, à côté de Kummanni, de Lawazantiya ou de Korykos, une place de choix. Le rôle de Manuzziya est particulièrement remarquable dans la célébration de la fête de l'*išuwa* (var. *ḫišuwa*)[1]; le panthéon de la cité était dominé par le dieu de l'orage Tešub et sa parèdre Lelluri.

LES TEXTES

1. Fragments du 1er jour et du début du second jour :
   A. KBo XI 2
   B. KBo XI 4

2. Fragments du cinquième jour :
   A. KBo XI 3 (début du cinquième jour)
   B. KBo XI 5 + KBo XI 58[2]

---

1 Pour la fête (*ḫ*)*išuwa* et le corpus des tablettes rituelles hittito-hourrites s'y rapportant, cf. I. WEGNER et M. SALVINI, Die hethitisch-hurritischen Ritualtafeln des (ḫ)išuwa-Festes, ChS I/4, Rome, 1991, 320 p.

2 J'adresse mes vifs remerciements au Docteur Detlev GRODDEK qui m'a communiqué le joint entre KBo XI 5 et KBo XI 58. Toute ma gratitude aussi au Professeur Dr Erich NEU pour les remarques dont il m'a fait bénéficier.

3. Fragment parallèle
IBoT II 27 : parallèle à KBo XI 5 I 24'-28'.

BIBLIOGRAPHIE

Pour KBo XI 3, cf. S. ALP, *Beiträge zur Erforschung des hethitischen Tempels*, Ankara, 1983, p. 268-269.

1. Premier et deuxième jours : A = KBo XI 2; B = KBo XI 4

Ro I

B A

1 [*(U)*]*M-MA* ^{m}Mu-u-wa-la-an-ni [1] ÌR ^{d}U ^{uru}Ma-nu-uz-zi-ya

2 *Ù* ^{d}GAŠAN [2] ma-a-an-za LUGAL-uš *A-NA* ^{d}U ^{uru}Ma-nu-uz-zi-ya

3 ú-ra-na-a-iz-zi [3] nu ki-iš-ša-an i-e-ez-zi

4 ma-a-an-kán LUGAL-uš *IŠ-TU* SISKUR *Ú-UL* a-ra-an-za

5 nu-za SISKUR^{meš} [4] ^{munus}ŠU.GI ^{lú}ḪAL i-e-ez-zi

6 ma-a-an-ma-aš-kán *IŠ-TU* SISKUR a-ra-an-za

7 nu ki-iš-ša-an i-e-ez-zi

---

8 IGI-zi [5] UD-at na-aš-ta ^{lú}ḪAL 1 UDU ku-en-zi

9 nu- kán ^{uzu}YÀ.UDU [6] ar-ḫa da-a-i nu-za LUGAL-uš

10 SISKUR ḫa-la-le-en-zi i-ya-az-zi

11 ^{gada}ma-an-zi-ti-ya-za 1 GUNNI ku-up-ta-aš *A-NA* DINGIR^{meš} *A-BI*

12 1 GUNNI ku-up-ta-aš *A-NA* DINGIR. LÚ^{meš} tụ-li-ya-aš

B A

13 1 GUNNI ku-up-ta-aš *A-NA* ^{d}U it-kal-z[i-ya-aš

14 *Ù A-NA* DINGIR. LÚ^{meš} it-k[al-zi-ya-aš

15 1 GUNNI ku-up-ta-aš *A̤-[NA*

=17 16 ^{d}U du-up-ri-ša-a[š (x)

=18 17 [(^{d}U)] *ŠA-ME-E̤* [(x)

=19 18 [(da-pí-an-te-)eš

---

19 [(1 GUNNI ku-up-ta̤-)aš *A-NA*

20 [(*Ù A-NA* DINGIR^{meš})

---

21 [(1 GUNNI ku-u)p-ta-aš

22 [(*Ù A-NA* DINGIR^{m})^{eš}

---

23 [(1̤ GUNNI) ku-up-ta-aš

24 [^{d}(Ti-y)a-ri

Ro II

A

1 [1] GU$_{4}$[ ]1 NINDA.GUR$_{4}$.RA ^{giš}[

2 ^{d}A-ba-ti [^{d}Le-e]l-lu-u-r[i

3 ^{uru}Ma-nu-zu-ḫi DINGIR^{meš}[

---

4 1 GU$_{4}$ 1 UDU it-ka[l-zi-ya(-)

5 ^{d}Ti-ya-ri

A

6 1 UDU 1 NINDA.GUR$_4$.RA[

7 ku-ut-ru-wa-ḫ-x [

2ème jour

8 *I-NA* UD.2.KẠM [

9 x - x - x [

10 ^{lú}ḪAL [

2. Cinquième jour : A = KBo XI 3; B = KBo XI 5

I

A

1 *I-NA* UD.5.KAM ma-a-an lu-uk-kat-ta n[u

2 ụ́-ra-na-a-wa-aš ^{é}ḫa-li-in-tu-u [

3 [an-d]a-ma-za-kán ku-e-da-aš É.[$^{\text{ḫi.a}}$ DINGIR^{meš}

4 [n]u-uš ú-ṛa-na-a-iz-zi na[-at

5 nụ-uš ḫa-ni-iš-ša-an-zi [

6 x la-x[-

---

7 [ ]x zi-x[

8 x x x n[a?

Suite du cinquième jour donnée par KBo XI 5

I

B

3' [ ]x-an GEŠTIN da-an-zi [

4' [ ]x-zi-ya ratures [

B

5' [ ]x zé-e-ya-an-ta-az[

6' [LUGAL-uš Š]À? É.ŠÀ pa-iz-zi EGIR-az-ma-ká̩n[

7' [^{uru}Ma-]nu̩-uz-zi *Ú-NU-UT* LUGAL ḫar-zi LÚ *tap-r*[*i*

8' EGIR-*ŠU*-ma ^{d}U ^{uru}Ma-nu-uz-zi-ya TUŠ-aš e-ku-z[i

9' EGIR-*ŠU*-ma ^{d}U du-up-ri-ša-aš TUŠ-aš 1-*ŠU* [KI.MIN]

10' EGIR-*ŠÚ*-ma ^{d}U al-pa-aš TUŠ-aš 1-*ŠU* [KI.MIN]

11' EGIR-*ŠÚ*-ma ^{d}IB TUŠ-aš 1-*ŠU* [KI.MIN]

12' EGIR-*ŠÚ*-ma ^{d}Ku-mar-bi TUŠ-aš 1-*ŠU* [KI.MIN]

13' EGIR-*ŠÚ*-ma ^{d}É-a TUŠ-aš 1-*ŠU* [KI.MIN]

14' EGIR-*ŠÚ*-ma ^{d}*SÎN* TUŠ-aš 1-*ŠU* [KI.MIN]

15' EGIR-*ŠÚ*-ma ^{d}Ši<-mi->ge-na(?) TUŠ-aš 1-*ŠU* K[I.MIN]

16' EGIR-*ŠÚ*-ma ^{d}Aš-ta-bi TUŠ-aš 1-*ŠU* K[I.MIN]

17' [EGIR-*ŠÚ*-m]a ^{d}Nu-pa-ti-ik TUŠ-aš 1-*ŠU* [KI.MIN]

18' [EGIR-*ŠÚ*-ma] ^{d}Pí-ri-ki-ir TUŠ-aš 1-*ŠU* [KI.MIN]

19' [EGIR-*ŠÚ*-ma] ^{d}*ZA-BA*$_4$-*BA*$_4$ TUŠ-aš 1-*ŠU* [KI.MIN]

20' [EGIR-*ŠÚ*-m]a ^{d}Ḫa-at-ni ^{d}Pí-ša-ša-a[p-ḫi TUŠ-aš 1-*ŠU* KI.MIN]

21' [EGIR-*ŠÚ*-m]a ^{d}E-še̩-ḫa-bu-ur-ni [TUŠ-aš 1-*ŠU* KI.MIN]

22' [EGIR-*Š*]*Ú*-ma ḪUR.SAG^{meš} I$_7$^{meš} [TUŠ-aš 1-*ŠU* KI.MIN]

23' E[GI]R-*ŠÚ*-ma ^{d}U AMAR-ti ^{d}LUGAL-[m]a [TUŠ-aš 1-*ŠU* KI.MIN]

B

24' EGIR-*ŠÚ*-ma $^{\text{gu4!}}$Še-e-ri $^{\text{gu4!}}$Ḫụr[-ri TUŠ-aš 1-*ŠU* KI.MIN]

25' EGIR-*ŠÚ*-ma $^{\text{hur.sag}}$Nam-ni $^{\text{hur.sa[g}}$Ḫa-az-zi TUŠ-aš 1-*ŠU* KI.MIN]

26' [E]GIR-*ŠÚ*-ma Ti-ya-ri pa-ap-š[i?-uš-ḫi TUŠ-aš 1-*ŠU* K]I.MIN

27' [a]-a-ri mu-ud-ri i-ni i-ri-[ri ta-ku-ru-wa-i]

28' [ ]x TUŠ-aš e-ku-zi 1 NINDA.G[UR4.RA]

29' [EGI]R-*ŠÚ*-ma DINGIR^{meš} a-a[š-tu-uḫ-ḫi-na TUŠ-a]š 1-*ŠU* KI.MIN

30' [EGIR-*Š*]*Ú*-ma DINGIR^{meš} a-a[š- T]UŠ-aš 1-*ŠU* KI.MIN

31' [EGIR-*Š*]*Ú*-ma ^{d}Di-nu[T]UŠ-aš 1-*ŠU* KI.MIN

32' [EGIR-*ŠÚ*-m]a DINGIR^{meš}[L]Ú *tap-ri*

33' [ke-eš-ḫ]i a-da-a[-ni

34' [am-b]a-aš-ši ^{giš}x[

II

B

x+1 [ ] giš? ạ-x[-

2' [ ]ẹ-kụ-zi UDU? [

3' [-]el-la-an-tar x x x x x [

4' [ ] ratures [

B

5' [EGIR-*ŠÚ*-ma ^{d}]Ḫé-bat-Mu-uš-n[i] TUŠ-aš 1[-*ŠU* KI.MIN]

6' [EGIR-*ŠÚ*-ma] ^{d}Ḫé-bat-LUGAL-ma TUŠ-aš 1-*ŠU* [KI.MIN]

7' [EGIR-*ŠÚ*-ma] ^{ḍ}Ḫé-bat-Al-la-an-z̤ṳ TUŠ-aš 1-*ŠU* K[I.MIN]

8' [E]G[IR-*ŠÚ*-ma] ^{d}Ḫé-bat-Ku-un-zi-ša-al-li TUŠ-aš 1-*ŠỤ* [KI.MIN]

9' EGIR-*ŠÚ*-m[a ^{d}]Ḫé-bat-Ḫa-šu-la-at-ḫi [T]UŠ-aš 1-*Š*[*U* KI.MIN]

10' EGIR-*ŠÚ*-ma [^{d}]Da-a-ru- ^{d}Ta-ki-tum ṬUŠ-aš ḷ[-*ŠU* KI.MIN]

11' EGIR-*ŠÚ*-ma ^{ḍ}[Ḫ]u-u-te-na-^{d}Ḫu-u-te-lu-uṛ[-ra TUŠ-aš 1-*ŠU* KI.MIN]

12' EGIR-*ŠÚ*-ma ^{d}[U]m-bu-^{d}NIN.GAL T[UŠ-aš 1-*ŠU* KI.MIN]

13' EGIR-*ŠÚ*-ma DINGIR^{meš} *Ạ-BI* T[UŠ-aš 1-*ŠU* KI.MIN]

14' EGI[R-*ŠÚ*-]ma DINGIR^{meš}-nạ URU-ni-wi$_{i}$-na [TUŠ-aš 1-*ŠU* KI.MIN]

15' EG[IR-*Š*]*Ú*-ma ^{d}A-ba-[t]i ^{d}Le-e[l-lu-u-ri

16' ^{uru}Ma-nu-zu-ḫi TUŠ-aš [ ]x x [

17' EGIR-*ŠÚ*-ma šal-li ^{d}[

18' EGIR-*ŠÚ*-ma ^{d}A-a ^{ḍ}[

19' EGIR-*ŠÚ*-ma ^{d}A-a ^{d}[

20' EGIR-*ŠÚ*-ma ^{d}*IŠTAR* ^{ḍ}[

21' EGIR-*ŠÚ*-ma ^{d}Iš-ḫa-r[a

B

22' EGIR-*ŠÚ*-ma ^{d}Al-la-a[n-ni

23' EGIR-*ŠÚ*-ma DINGIR^{meš}.LÚ^{meš}
D[INGIR^{meš}.MUNUS^{meš}

Fin de la colonne

B V Joint avec KBo XI 58

x+4 Ì-an iš-ḳạ́n-zi 1 x [

5' EGIR-*ŠÚ*-ma ^{d}[I]e-e-li ḫ[a-ša-ri

6' 1 ^{ninda}a-a-an 1 ^{ninda} [ ] 1 NINDA.BA.[BA-ZA

7' 1 NINDA.KU$_{7}$ *ŠA UP-N*[*I*] x x [

B VI

1 [GIM-a]n-ma GE$_{6}$-an-za ḳị-šạ-ri n[u 2 MÁŠ.GAL

2 [2 *T*]*A-PAL* Pa-ir-ra-ša LUGAL-i p[a-ra-a e-ep-zi

3 [LUGAL-]uš-kán *QA-TAM* da-a-i 2 MÁ[Š.GAL

4 [^{d}]UTU$^{?}$-za 2 MÁŠ.GAL 2 *TA-PAL* Pa-i[r-ra-ša

5 [*A-N*]*A* DINGIR^{meš}.LÚ^{meš} pa-a-i

---

6 [LU]GAL-uš É.ŠÀ-n[i pa-iz-zi

7 [g]^{iš}pa-i-ni-it ^{giš}ú-ra-a[t-ti-it (?)

8 *Ù IŠ-TU* GI.DÙG.GA wa-aḫ-nu-zi *IŠ*-[*TU*

9 ^{síg}šu-ú-i-li-it a-ra-aḫ-za-an-da x[-

B

10 nu 2 ^{dug}ÚTUL da-a-i na-aš-ta an-da MUNU$_8$[

11 iš-ḫu-u-wa-a-i nu 1-an SAG.DU-az[la-ḫu- (u) -wa-a$^{?}$-i]

12 1-an-ma *IŠ-TU* GÌR^{pí}[la-ḫu-(u)-wa-a-i$^{?}$]

---

13 [-z]i$^{?}$ (-) x x x [-z]i nu-u[š

14 [ ]mẹ-ma-i nam-ma ḫa-x[-

---

15 [na]m-mạ a-pé-e-da-ni UD-ti 1 *TA-PA*[*L*

16 [d]a-a-i ši-ḫe-el-li-ya-aš-ma ú-e-ta-na-a[z$^{?}$

17 kị-iš-ša-an [

---

18 4 tar-pa-la-aš SA$_5$ 4 ^{túg}ku-re-eš-šar 4 GADA SIṢKUR ḫ̣a-[la-la

19 4 ^{síg}ki-iš-ri-iš 4 MUŠEN$^{\text{ḫi.a}}$ e-eš-ḫar$^{!}$-nu-ma-an-zi

---

20 SISKUR ḫa-la-la-za-kán ar-ḫa UD.5.KAM [*Q*]*A-TI*

21 ú-ra-na-u-wa-an-zi-ma-aš UD-*MU* *MAḪ-RU-Ú*

---

22 ma-a-an *I-NA* UD.6.KAM lu-uk-kat-ta

23 an-da pa-a-u-wa-an-zi-ma-aš UD.2.KAM

24 LÚ *tap-ri* É.ŠÀ-ni ḫu-u-da-a-ak pa-iz-zi

25 nu ^{dug}ÚTUL$^{\text{ḫi.a}}$ ku-i-e-eš ki-it-kar-za GÌR^{meš}-za ṇa[-

26 na-aš ša-ra-a da-a-i LUGAL-uš *I-NA* É.DU$_{10}$.ÚS.SẠ [pa-iz-zi]

27 na-aš-ta 1 *NU-TUM* ši-ḫe-el-li-ya-aš A^{meš}-ar [

B

28 an-da pé-e-ḍa-an-zi na-at-kán LUGAL-i [

29 NÍ.TE^{meš}-ši lḁ-ḫ[u-u-wa-a]n-zi

---

30 DUB.2.KAM INIM ^{m}Mu-wa-la-an-ni

31 ú-ra-na-u-wa-aš ^{d}UTU^{ši}-za

32 GIM-an *I-NA* ^{uru}U-uš-ša ụ́ [-iz-zi] x x [ ]

33 *Ú-UL* *QA*[-*TI*]

Le fragment IBoT II 27 (Bo 475) développe une séquence parallèle à KBo XI 5 I 24'-28'; l'addition de certains détails ne permet pas d'y reconnaître un authentique duplicat (*contra* E. LAROCHE, *GLH*, 192). La forme tardive du signe ḪA suggère une datation tardive de ce fragment.

TRANSCRIPTION

x+1 EGIR-*ŠU* ^{d}Še-er-ri ^{d}Ḫ[ur-r]i [

2' ^{lú}NAR ^{uru}Ḫur-ri SÌR^{ru} 1 NINDA.G[UR$_4$.RA

3' [E]GIR-*ŠÚ* $^{ḫur.sag}$Nam-ni $^{ḫur.sag}$Ḫa-az[-zi

4' [TU]Š-aš 1-*ŠU* KI.MIN ^{lú}NAR ^{uru}Ḫur-ri SÌ[R^{ru}

5' [EGI]R-*ŠÚ* ti-ya-ri pa-a-du-uš-x[

6' a-ri mu-ud-ri e-n[i i-ri-ri

7' [t]a-ka-ru-wa-i x[

8' [TUŠ-aš] 1-*ŠU* KI.M[IN

Traduction

I

1 Ainsi (parle) Muwalanni, le serviteur du dieu de l'orage de Manuzziya

2-3 et de Šauška. Si le roi *uranai* (= effectue un holocauste ?) pour le dieu de l'orage de Manuzziya, il procède comme suit :

4 Si le roi n'est pas arrivé pour le rituel,

5 le devin accomplit les rites de la "Vieille",

6 mais s'il (= le roi) est arrivé pour le rituel,

7 il procède comme suit :

---

8 Le premier jour, le devin tue un mouton

9 et il enlève la graisse du mouton afin que le roi

10 accomplisse des offrandes pures.

11 Avec un "support" (il place) un brasier de *kupta* pour les dieux du père,

12 un brasier de *kupta* pour les dieux mâles de l'assemblée,

13 un brasier de *kupta* pour le dieu de l'orage [de] la sanc[t]ifica[tion

14 et pour les dieux mâles [de] la sanc[tification,

15 un brasier de *kupta* [pour

16 (pour) le dieu de l'orage d[u] *dupriša*

17 (pour) le dieu de l'orage du ciel [

B 19 = A 18 autre[s

B 20 = A 19 un brasier [de] *kupta* [pour

20 et pour les dieux [

---

21 un brasier de *ku*[*pta*

22 et pour les dieu[x

---

23 [un] brasier [de *kupta*

24 le fusea[u (divinisé)

II

1 [Un] boeuf [,] un pain de sacrifice, [

2 l'*abati* (divinisé) (de) [Le]llur[i

3 de Manuzziya, les dieux [

---

4 Un boeuf, un mouton, la sanc[tification

5 le fuseau (divinisé) [de Manuzziya ?

---

6 Un mouton, un pain de sacrifice [

7 [il ?] appelle ? comme témoin(s)

---

8 Le deuxième jour, [

9 [

10 le devin [

KBo XI 3

I

1 Le cinquième jour, au petit matin, [a lieu ? le/la.........]

2 du *uranawar*; le *ḫalentu* [

3 Les tem[ples] dan[s] lesquels [

4 il les offre en holocauste ? et [

5 et on les badigeonne [

6-8 Trop fragmentaire pour proposer une traduction

KBo XI 5 I

3' [ ] on prend un [ ] de vin;

4' [

5' [ ] cuit (abl.) [

6' [Le roi] pénètre dans le naos mais ensuite/par derrière [

7' [de Ma]nuzzi tient l'instrument du roi. L'homme du *tapr*[*i*

8' Ensuite, il boi[t,] assis, au dieu de l'orage de Manuzziya.

9' Après quoi, assis, une fois au dieu de l'orage du *dupriša*, [idem,]

10' ensuite, assis, une fois au dieu de l'orage des nuages, [idem,]

11' ensuite, assis, une fois au dieu IB, [idem,]

12' ensuite, assis, une fois à Kumarbi, [idem,]

13' ensuite, assis, une fois à Ea, [idem,]

14' ensuite, assis, une fois à Sîn, [idem,]

15' ensuite, assis, une fois à Ši<mi>gi $^{?}$, i[dem,]

16' ensuite, assis, une fois à Aštabi, i[dem,]

17' [ensui]te, assis, une fois à Nupatik, [idem,]

18' [ensuite,] assis, une fois à Piri(n)kir, [idem,]

19' [ensuite,] assis, une fois au dieu de la guerre, [idem,]

20' [ensuit]e, [assis, une fois] à Ḫatni, à Pišaša[pḫi, idem,]

21' [ensuit]e, [assis, une fois] au Terre-Ciel (= Cosmos), [idem,]

22' [ensui]te, [assis, une fois] aux montagnes (et) aux rivières [idem,]

23' [en]suite, [assis, une fois] à Sarru[m]a, le veau de Tešub, [idem,]

24' ensuite, [assis, une fois] aux taureaux divins Šeri et Ḫur[ri, idem,]

25' ensuite, [assis, une fois,] au mont Namni, au mon[t Ḫazzi, idem,]

26' [e]nsuite, [assis, une fois] au Fuseau *pap*[i]dem,

27' à [*a*]*ri mudri ini iri*[*ri takuruwai*

28' [ ] assis il boit; un pain [

29' [Après] quoi, aux divinités fé[minines assi]s, une fois, idem,

30' [ensui]te, aux dieux [a]ssis, une fois, idem,

31' [ensui]te, à Dinu [a]ssis, une fois, idem.

32' [Ensuit]e, aux dieux [l'homm]e du *tapri*

33' [ ] à l'*ada*[*ni*

34' [à l'*amb*]*ašši*, au [

Fin de la colonne

II

x+1 [ ] x [

2' [ ] il boit [

3' [-]*ellantar* [

4' [ ] ratures [

5' [ensuite,] assis, une [fois] à Hébat-l[a] Créatrice, [idem,]

6' [ensuite,] assis, une fois à Hébat-Sarruma, [idem,]

7' [ensuite,] assis, une fois à Hébat-Allanzu, i[dem,]

8' [en]s[uite,] assis, une fois à Hébat-Kunzišalli, [idem,]

9' [ensuit[e, a]ssis, une foi[s] à Hébat-Ḫašulatḫi, [idem,]

10' ensuite, assis, une [fois] à Dâru-Takitu(m), [idem,]

11' ensuite, [assis, une fois] aux [Ḫ]utena-Ḫutellur[ra, idem,]

12' ensuite, a[ssis, une fois] à [U]mbu-Nikkal, [idem,]

13' ensuite, a[ssis, une fois] aux dieux du père, [idem,]

14' en[sui]te, [assis, une fois] aux dieux de la ville, [idem,]

15' en[sui]te, [assis, une fois] à Aba[t]i (et) à Le[lluri

16' de Manuzziya, [assis,

17' ensuite, assis, une fois au grand d[ieu ? , idem,]

18' ensuite, assis, une fois à Aya, au [Soleil, idem,]

19' ensuite, assis, une fois à Aya, à [idem,]

20' ensuite, assis, une fois à Ištar [idem,]

21' ensuite, assis, une fois à Išḫar[a idem,]

22' ensuite, assis, une fois à Alla[nni idem,]

23' Ensuite, aux dieux, aux dé[esses

Fin de la colonne

V

2' [ ] Le[lluri

3' [ ]il ? / on ? [ ] un pain [

4' on fait une onction d'huile; un [

5' Ensuite, à [*l*]*eli*, à l'h[uile

6' Un pain chaud, un pain [ ] un pain de pu[rée

7' un pain aigre d'une poigné[e

VI

1-2 Mais [lors]que la nuit tombe, [il] pré[sente deux boucs, deux pai]res d'Heptades au roi.

3 [Le roi] pose la main; [il] les deux bo[ucs

4-5 Au soleil (levant), il offre [au]x dieux mâles les deux boucs (et) les deux paires d'Hep[tades.]

---

6 Le [r]oi pénètre dans le naos;

7 avec du tamarisque, un bois *ura*[*tti* ?

8 et avec un roseau doux il fait tourner; ave[c

9 avec une corde tout autour [

10-12 Alors, il prend deux casseroles et ensuite il y verse du malt; il [répand] une à la tête, et [il répand] l'autre au pied.

---

13 Il [e]t il [ ] et

14 [ ] il dit et [

---

15 [En] outre, ce jour, une pai[re de

16 il [p]rend. [Avec] l'eau de la pureté

17 ainsi [il/on

---

18 Quatre substituts rouges, quatre coiffes, quatre vêtements pour le rituel de la pure[té,]

19 quatre pelotes de laine, quatre oiseaux pour ensanglanter.

---

20 Avec l'offrande pure le cinquième jour est [t]erminé,

21 mais pour l'*uranawar* c'est le premier jour.

---

22 À l'aube du sixième jour,

23 – et c'est le deuxième jour pour (y) pénétrer –,

24 l'homme du *tapri* pénètre aussitôt dans le naos.

25 Alors, les casseroles qui [se trouvent $^{?}$] à la tête (et) aux pieds,

26 il les soulève. Le roi [pénètre] dans la salle aux ablutions

27-29 et ensuite on y emmène une mesure d'eau de pureté
[ ] et on la ré[pan]d sur le corps du roi.

---

30 Deuxième tablette; Parole de Muwalanni

31-32 (concernant) l'*uranawar*, lorsque "Mon Soleil" dans la ville d'Ussa v[ient.]

33 Elle n'est pas fi[nie.]

Apparat critique

1 B I 1 : ^{m}Mu-wa-la-an-ni; 2 B I 2 : ^{d}*IŠTAR*; 3 B I 3 : ú-ra-na-iz-zi; 4 B I 5 : SÍSKUR^{meš}; 5 B I 8 : ḫa-an-te[-ez]-zi; 6 B I 9 : U[ZU.

Observations relatives aux manuscrits

De façon générale, les textes KBo XI 2, 3, 4 et 5 + sont datables du 13e s. av. J.-C. À ce propos, quelques remarques s'imposent :

a. La datation du fragment KBo XI 3 est difficile en raison de la petitesse du document.

b. Observons ensuite l'écriture assez petite et pratiquement identique des tablettes KBo XI 2 et KBo XI 3, cette dernière constituant la suite, soit la deuxième tablette, de KBo XI 2. Un contrôle sur l'original ou une photo de grande précision permettrait de déterminer si ces deux documents ont été écrits par un seul et même scribe. Les signes cunéiformes sont nettement plus grands sur les tablettes KBo XI 4 et KBo XI 5, mais ces deux documents ont été écrits par des mains différentes.

c. La forme de certains signes typiques est tardive, ce qui incite à dater les tablettes du 13e s. av. J.-C. Ainsi, KBo XI 2 présente la forme tardive des signes LI (I 10, 12) et ZU (II 3); il en va de même en KBo XI 5 pour les signes IK (I 17') et LI (II 8', 17', VI 9, 16, 27). La tablette KBo XI 3 présente la forme tardive du signe UK (I 1), peut-être du signe ŠA (I 5), mais la forme plus ancienne du signe LI (I 2), ce qui constituerait une différence paléographique avec KBo XI 2, bien qu'à l'époque tardive l'on puisse constater l'emploi des deux formes de LI sur une même tablette; il ne convient donc pas d'exclure la possibilité d'un même scribe pour KBo XI 2 et 3. La tablette KBo XI 4 donne la forme tardive de ŠA (I 18) et note le signe ME.EŠ = MEŠ comme marque de pluriel.

d. La présence de la forme verbale *i-e-ez-zi* en KBo XI 2 II 5 pourrait faire songer à une origine plus ancienne du groupe textuel; on relèvera néanmoins la forme classique *i-ya-az-zi* en KBo XI 2 I 10.

COMMENTAIRE :

1.1 : ^{m}*Muwalanni* : anthroponyme composé dans sa première partie du terme *muwa-* "force, force vitale" à l'origine de nombreux noms propres débutant ou se terminant par *muwa-*; à noter les réserves motivées du *CHD* vol. 3 fasc. 3, 315-316, à propos du sens "sperme" avancé par E. LAROCHE, *NH*, 322-324. Une majorité de ces noms propres survit à l'époque gréco-asianique, cf. E. LAROCHE, *NH* , 123 n° 834; observons cependant qu'au n° 834 1., rien ne permet de définir Muwalanni comme prêtre de Kummanni; il convient de corriger en "serviteur/prêtre de Tešub et de Šauška de Manuzziya".
^{uru}*Manuzziya* : ville-sanctuaire du pays kizzuwatnien, probablement voisine de Kummanni (Comana) et située au pied d'une montagne de même nom. Cf. H. GONNET, *Les montagnes d'Asie Mineure*, *RHA* 83, 1968, 131 n° 105; G. del MONTE - J. TISCHLER, *RGTC* 6, 1978, 259-260; G. del MONTE, *RGTC* 6/2, 1992, 100-101.

1.2 : ^{d}GAŠAN : le duplicat B I 2 (^{d}*IŠTAR*) montre qu'il convient de reconnaître derrière ce sumérogramme la déesse hourrite Šauška, réplique possible de l'Ištar de Ninive, ce qui est souvent le cas au 13e s. av. J.-C.. Le fait que Muwalanni soit serviteur de Tešub et d'Ištar/Šauška laisse entrevoir la possibilité que Šauška soit la parèdre de Tešub, auquel cas se poserait la question d'un syncrétisme entre Šauška et Lelluri, voire Hébat. Pour Šauška en Asie Mineure, cf. I. WEGNER, *Gestalt und Kult des Ištar-Šawuška in Kleinasien*, AOAT 36, 1981.

l.3 : *uranaizzi* : 3e p. s. Ind. prés. V.A. de *urana(i)*-, verbe louvite de signification obscure, appartenant au vocabulaire religieux, cf. B. ROSENKRANZ, *JKF* I, 1950, 197; E. NEU, *GsKronasser*, 1982, 135; N. OETTINGER, *SHV*, 368; C. MELCHERT, *Cuneiform Luvian Lexicon* (abr. *CLL*), Chapell Hill, 1993, 243. Ce verbe définit le type de rituel décrit dans nos textes; il est tentant d'y voir un dérivé de l'adjectif louvite *ura-* "grand". La traduction "reparieren" est accueillie avec réserve par S. ALP, *Beiträge*, 269. Il semble préférable d'admettre provisoirement le sens de "amener pour un holocauste, célébrer un holocauste". Voir aussi KBo XI 3 I 4. Le substantif verbal est *uranawar*.

l.3 : *iezzi* : (id. l.7) forme archaïque pour le classique *iyazzi* attesté par ailleurs à la ligne 10.

l.8 : IGI-*zi* (B *ḫantezzi*) UD-*at* : construction syntaxique remarquable et rare, composée de l'adjectif au datif-locatif temporel et du substantif au locatif non désinentiel : UD-*at*= *siwat*, cf. E. NEU, *Studien zum endungslosen "Lokativ" des Hethitischen*, IBS-VKS 23, Innsbruck, 1980.

l.10 : SISKUR *ḫalalenzi* : "des cérémonies/sacrifices pur(e)s", c'est-à-dire sans fautes ni négligences cultuelles. La forme *ḫalalenzi* provient de *ḫalali-* "pur", adjectif louvite emprunté peut-être à la racine proto-sémitique **hll*. Il convient d'y reconnaître un acc. pl. animé analogique du nom. plur. animé, et non, dans ce cas précis un nom. plur. animé comme indiqué par C. MELCHERT, *CLL* , 46. Voir J. TISCHLER, *HEG* I, 1977, 126; J. FRIEDRICH-A. KAMMENHUBER, *HWb*^{2} Lief. 11, 18, et surtout J. PUHVEL, *HED* vol. 3, 13.

l.11 : ^{gada}*manzitiyaza* : abl. en -*za* (et non -*az*) de ^{gada}*manziti(ya)*-, typique de la forme tardive de l'abl. s.; cf. *CHD* vol. 3, fasc. 2, 180, avec le sens possible de "potholder".

l.11 : (et *passim*) *kupta* : discussion du terme par H.G. GÜTERBOCK, *JNES* 34, 1975, 275 sq.

l.13 : *itkalziyas* (id. l.14) : gén. s. de *itkalzi-* "sanctification", cf. V. HAAS, *Geschichte*, 954 a; E. LAROCHE, *GLH*, 128-129; R. LEBRUN, *Le sacré dans le monde hourrite*, dans J. RIES *et al.*, *L'expression du sacré dans les grandes religions* II, Homo Religiosus 2, Louvain-la-Neuve, 1983, 145-147.

l.16 : *duprīša*[*š*; aussi en II 4, KBo XI 5 I 9; gén. s. de *duprīša*-, terme se rattachant au hourrite *tupra* et constituant une épithète de Tešub, cf. E. LAROCHE, *GLH*, 269.

l.24 : ^{d}*Ti-ya*[*-ri* : aussi en KBo XI 5 I 26'; il s'agit du fuseau divinisé, voir E. LAROCHE, *GLH*, 265-266.

II l.2 : ^{d}*Abati* : objet-attribut divinisé de la déesse Lelluri, souvent associé à Tiyari. À la suite de ^{d}*Abati* , la restitution du théonyme Lelluri est probable. Cf. E. LAROCHE, *GLH* , 33-34. Lelluri, déesse parèdre de Tešub de Manuzziya, figure dans le panthéon des Hittites depuis que Hattusili I ramena sa statue de Syrie au Hatti. Voir G. FRANTZ-SZABÓ, *RLA* 6, 1980-1983, 594-595; V. HAAS, *Geschichte der hethitischen Religion* (abr. *Geschichte*), coll. HdOr. 15. Band, Leiden, 1994, 409-410.

KBo XI 3 I

l.2 : ^{é}*ḫalent(i)u-* : (éventuellement en I 1) : il est remarquable de constater que ce bâtiment n'est jamais désigné par un ou des sumérogramme(s), ce qui lui confère une originalité anatolienne. Le mot lui-même s'avère d'origine hattie. Le texte bilingue KBo XXXII 13 donne l'équivalence : hitt. ^{é}*ḫa-le-en-tu-u-wa-aš* (II 3) = hourr. [*ḫ*]*a-i-kal-li* (I 2), – à lire ainsi d'après G. WILHELM, *Orientalia* 61, 1992, 129, – que l'on rapprochera volontiers de l'ougaritique *hkl* et de l'hébreu *ḫēkal* "palais". Voir sur tous ces points H.G. GÜTERBOCK, dans *Le palais et la royauté* = CRRAI XIX (1971), 1974, 308-309; H. OTTEN, *AA* , 1984, 373; E. NEU, *AWLM* 1988, 15 rem. 32; excellent état de la question par J. PUHVEL, *HED* vol. 3, 15-19, lequel opte aussi pour le sens de "résidence royale, palais provincial". Le *ḫalentu* concernerait ainsi les diverses résidences royales répandues dans le pays hatti. Toutefois, le sens de "chambre cultuelle principale, de *cella* (naos)" est défendu par S. ALP, *Beiträge zur Erforschung des hethitischen Tempels*, Ankara, 1983, 382 sq., et cette position rencontre les faveurs de A. KAMMENHUBER dans notamment J. FRIEDRICH-A. KAMMENHUBER, *HWb*^{2} Lief. 11, 20-26, qui fait en réalité peu de cas de l'information fournie par la bilingue hourrite-hittite KBo XXXII 13. Il faut certes reconnaître que plusieurs contextes s'accordent avec les deux interprétations. Cependant, bien que des actions cultuelles soient accomplies au *ḫalentu*, le sens de *cella* me semble devoir être accueilli avec des réserves; en effet, :

1.- il est difficile de ne pas tenir compte de l'information transmise par la bilingue KBo XXXII 13;
2.- lors des itinéraires cultuels, le roi (ou la reine ou le couple royal) se rend directement au *ḫalentu* comme pour se préparer aux actions cultuelles;
3.- il me semble peu vraisemblable que le roi hittite se rende en "char" à la *cella* d'un temple;
4.- le *plurale tantum* *ḫalentuwa* suppose un complexe de plusieurs salles;
5.- une distinction est opérée entre le *ḫalentu* et le(s) temple(s) soit que les temples/chapelles (É.DINGIR*lim*/meš) étaient intégrés à un vaste complexe architectural, soit que le *ḫalentu* et le(s) temple(s) constituaient deux ensembles distincts; à cet égard le texte KUB XXX 34 est significatif : IV 2-4 : *n-as-za nassu* é*ḫalinduwas suḫḫi estat nasma-zan INA* É.DINGIRmeš *suḫḫi estat* "et il s'installait soit sur le toit du *ḫalentu* ou bien il s'installait sur le toit des temples"; IV 4-5 : *kinun-a* é*ḫalinduwas* É.DINGIRmeš *-ya parkunut* "et maintenant il a purifié également les temples du *ḫalentu*"; sur ce point voir les remarques pertinentes de M. POPKO dans son compte-rendu du livre de S. ALP, *Beiträge*, paru dans *Orientalia* NS 55, fasc. 3, 1986, 345.
6.- le sens de *ḫalentu* dépend aussi de la traduction précise de É.ŠÀ = *tunnakkessar* défini par plusieurs hittitologues comme correspondant au naos.

Ces quelques observations, certes non limitatives, invitent à la prudence mais écartent aussi le sens de *cella*.

KBo XI 5

I 1.7' : LÚ *tapri* (id. I 32' VI 24) : "l'homme de la chaise ?", voir J. TISCHLER *et al.*, *HEG*, Teil III Lief. 8, 1991, 192-194; pour *tabri* "meuble, objet de mobilier", voir déjà E. LAROCHE, *GLH*, 247. Voir aussi l'étude de Marie-Claude TREMOUILLE, *Il 'tabri' e i suoi "addetti" nella documentazione ittita, Eothen* 4, Florence, 1991, 77-105; l'auteur y conclut que le LÚ *tap-ri* était un prêtre de haut rang dans la tradition religieuse kizzuwatnienne.

1.21' : d*Ešehaburni* = "le cosmos", littéralement le "ciel-terre", cf. E. LAROCHE, *GLH*, 83 sq., 99 (cf. hitt. *nepis daganzipa/tekan*=sum. AN.KI); toutefois, la nouvelle bilingue hourrite-hittite donne curieusement pour *ḫaburni* le sens de "le ciel", et non "la terre", cf. E. NEU, *AWLM* 1988, 26 sq. et rem. 77.

1.26' : À la suite de Tiyari on serait tenté de lire *pa-ap-š*[*i*; il ne faut pas perdre de vue qu'une des formes du signe DU ressemble assez fort au signe AB/AP, cf. E. NEU-Ch. RÜSTER, *HZL*, n° 189. Dès lors, comme le fragment parallèle IBoT II 27 I 5 note clairement *pa-a-du-uš-ši* (-) – renvoyant d'ailleurs au pluriel défini *wa*$_{a}$*-du-uš-ši-n*[*a* de KBo XX 119 I 22 – il est préférable de transcrire *pa-du-š*[*i* (-).

l. 34' : *amb*]*ašši* : à propos du terme *ambašši* souvent associé à *keldi*, cf. E. LAROCHE, *GLH*, 46; voir aussi D. SCHWEMER, *SCCNH* 7, 1995, 81 sqq., pour lequel *ambašši* appartiendrait à la racine hourrite *am-* "brûler, incendier", cf. p. 85. Pour le sens de la racine verbale *am-* (commune à l'ourartéen), cf. bilingue KBo XXXII 14 : Ro I 6, 7 où *am-* correspond au hittite (*arḫa*) *warnu-* II 6-7; E. NEU, *Das Hurritische*, 1988, 103, 110; M. SALVINI, *Or. NS* 59/2, 1990, 245.
^{d}IMIN.IMIN^{bi} / ^{d}VII.(VII)^{bi} = *SIBI* "les Sept, Heptade divine". Dans le présent contexte il s'agit de la représentation de ces divinités. Cf. E. LAROCHE, *GLH*, 193-194; *CHD*, vol. P, fasc. 1, 56; V. HAAS, *Geschichte*, 309, 337, 347, 372 sq.

II 1.18' : id. l. 19' : ^{d}*Aa* (*Aya*), divinité hourrite parèdre du Soleil Šimige. Par comparaison avec d'autres listes divines kizzuwatniennes, il est possible de restaurer à la l. 18' ^{d}[*Ši-mi-gi* ou une graphie voisine, et à la l. 19' : d[*E-kal-du-un*.

VI 1.2 : id. l. 4 : *Pairraša* : en hittite, considéré erronément comme un acc. ou gén. pl. du hourrite Pairra mal identifié par les Hittites. Le Professeur E. NEU a eu l'amabilité de me communiquer que, selon lui, *Pairraša* issu de **pa-iri-na-(a)š-(v)a* serait le datif pluriel de **pa-iri-na* "celles qui ont construit". *Pairra* constitue l'équivalent de l'akkadien *Sibi* "les Sept".

1.7 : ^{giš}*painit* : instr. de ^{giš}*paini-* "tamarisque", cf. *CHD* , vol. P fasc. 1, 56.

1.18 : SA$_{5}$: à relever le rôle de la couleur rouge destinée à capter davantage l'attention des dieux.

l.19 : *e-eš-ḫar*[!]*-nu-ma-an-zi* : maladresse probable du scribe qui a tracé le signe AḪ pour ḪAR. La traduction donnée par E. LAROCHE en *RHA* XXXI, 1973, 99 "ils ensanglantent (avec) quatre oiseaux" doit être corrigée dans le sens de notre traduction.

l. 20 : SISKUR *ḫalalaza-kán* : *ḫalalaza* me semble devoir être considéré comme un ablatif instrumental et il n'y a pas lieu d'y voir une bévue grammaticale du scribe, cf. J. PUHVEL, *HED*, vol. 3, 13.

l. 32 : [uru]*Ussa* : ville mentionnée notamment dans le traité entre Kurunta de Tarḫuntassa et Tudhaliya IV (tablette de bronze) en I 32, 34, dans le cadre de la fixation des frontières de ce royaume protégé; la ville est aussi nommée, en contexte presque identique, dans le traité conclu entre le roi hittite et Ulmi-Tešub (KBo IV 10 I 21). Voir G. del MONTE, *RGTC* 6/2, 1992, 181 : *Us*(*s*)*a*; une localisation dans les environs de Konya est plausible.

Nous sommes ainsi en présence de fragments appartenant aux deux premières tablettes du rituel kizzuwatnien de l'*uranawar* composé par le louvite Muwalanni, serviteur de Tešub et d'Ištar/Šauška de Manuzziya. Ce rituel présidé par le roi assisté d'un personnel qualifié concerne Tešub de Manuzziya; une partie des actions rituelles au moins se déroule dans la ville d'Ussa dont Manuzziya était vraisemblablement voisine. Les fragments conservés traitent des premier, deuxième, cinquième et sixième jours, mais le plus grand nombre de détails rituels a trait au cinquième jour.

Ce rituel s'avère typique du monde kizzuwatnien, avec ses listes divines habituelles. Nous en possédons sans doute les copies et adaptations effectuées dans le courant du 13e s. av. J.-C. à l'usage de la capitale Hattusa (éventuellement dans le cadre de l'action cultuelle menée par la reine Puduhépa en faveur de la copie de textes rituels et festifs kizzuwatniens). Comme nous l'avons souligné, ce sont les actes du cinquième jour qui sont le mieux préservés, notamment le fait de boire d'une part à la santé de Tešub de Manuzziya et de son *kaluti* (I 8'-34') et d'autre part à la santé de Hébat et de son propre *kaluti* ou cercle divin (II 2'[?]-22'). La distinction est clairement effectuée entre le groupe des dieux masculins et celui des déesses. On observera le nombre d'objets-attributs divinisés à propos du *kaluti* de Tešub. Concernant toujours le cinquième jour, il convient de retenir l'importance du badigeonnage des murs du temple, le rôle de l'eau de pureté ainsi que celui des oiseaux servant à ensanglanter (des murs [?]), c'est-à-dire à rendre tabous/sacrés les objets ainsi badigeonnés; ce rite relève d'un type de sacrifice courant en milieu cilicien (et sans doute importé de Syrie), à savoir le SISKUR *zurkiyas*.

Insistons enfin sur la place non négligeable occupée par les "Dyades" hourrites dans la liste divine du rituel de l'*uranawar*. La Dyade existe depuis l'époque sumérienne[3]; elle constitue une profonde réalité une et individualisée en associant soit deux divinités en vertu d'une unité fonctionnelle ou aspectuelle, soit un dieu pourvu d'une de ses caractéristiques majeures. Les Dyades divines furent bien représentées en Syrie dès le troisième millénaire (Ebla); on les retrouvera plus particulièrement en milieu hourrite, ce qu'illustre parfaitement notre texte. En voici quelques cas significatifs :

- La déesse Ḫébat entre dans la composition de plusieurs dyades; dans certaines, son rôle de "mère" (type mère à l'enfant) est mis en évidence : ainsi, Ḫébat-Sarrumma = mère au garçon (KBo XI 5 II 6'), Ḫébat-Allanzu et Ḫébat-Kunzišalli = mère à la fille (KBo XI 5 II 7' et 8'); son rôle de créatrice est souligné dans la dyade Ḫébat-Muš(u)n(n)i "Hébat, la créatrice" (KBo XI 5 II 5'); retenons encore la dyade Ḫébat-Ḫašulatḫi (KBo XI 5 II 9').

- Toujours dans la séquence de dyades divines faisant suite à celles de Ḫébat (soit de KBo XI 5 II 10'-12') notons Daru-Takitum, les Ḫutena-Ḫutellurra = déesses-mères, de la naissance, du destin, soit une dyade formée de deux groupes de déesses aux fonctions identiques ou complémentaires, et enfin Umbu-Nikkal = la pleine lune ? + la déesse sumérienne NINGAL (hourritisée en Nikkal) présentée notamment comme l'épouse de Sîn.

- Retenons encore Ḫatni-Pišašapḫi (KBo XI 5 II 20'), Eše-Haburni = association du Ciel et de la Terre pour désigner le Cosmos (KBo XI 5 II 21'), Šeri-Ḫurri, les divins taureaux serviteurs de Tešub (KBo XI 5 I 24'). Il est possible que des dyades composées à partir de Ea, le dieu sage, soient à reconnaître dans les lignes mutilées KBo XI 5 II 18', 19'.

Ces observations montrent à suffisance l'importance et l'intérêt du rituel de l'*uranawar* ainsi que de son auteur Muwalanni. Dans l'avenir, il s'imposera donc de partir à la recherche des joints éventuels (inédits ou déjà publiés) et de

---

[3] Cf. V. HAAS, *Geschichte*, 469-477. En sumérien, "Dyade" = DINGIR.MIN.NA.BI "le dieu, son chiffre deux".

leur correcte mise en place, tout en espérant la découverte de fragments nouveaux.

Adresse de l'auteur :

Avenue des Hêtres rouges, 65
B-1970 Wezembeek-Oppem
Belgique

BCILL 85 : *Hethitica XIII*, 65-72

ZU EINIGEN SATZMUSTERN DES HURRITISCHEN

Erich NEU
Bochum

I. In Hethitica IX, 1988, 163f. hatten wir bei der Besprechung des Kasus Essiv u.a. folgenden hurritischen Satz aus der großen hurritisch-hethitischen Bilingue behandelt :

(1) Hurritisch : KBo XXXII 15 I 4'-5'
ki-i-re-en-za-am-ma / [*š*]*a-a-ri-ib*
(*kirenz=a=mma* [*š*]*ār=i=b*)

Hethitisch : ibid II 5
parā tarnumar ú-e-]*u̯a-ak-ki*
"... Freilassung f]ordert er wiederholt"

Die Ausdrücke hurritisch (hurrit.) *kirenzi* = hethitisch (heth.) *parā tarnumar* "Freilassung" bilden gleichsam den Schlüsselbegriff, der die gesamte Bilingue ("Epos der Freilassung") durchzieht. Während im Mittani-Brief das Verbum *šār-* "fordern, wünschen" das direkte Objekt im Absolutiv stehen hat (vgl. *ašti šār=ōš=a* III 1, *zalamši šar=ōš=au̯* III 91), verbindet sich in dem obigen Satz der Bilingue das gleiche Verbum *šār-* auffallenderweise mit dem Essiv (*kirenza*).

Dieses zunächst etwas merkwürdig anmutende Phänomen hat dann auch I. WEGNER[1] dazu veranlaßt, die Interpretation von *kirenza* als Essiv zu bezweifeln und statt dessen eine Satzkonstruktion mit doppeltem Absolutiv anzunehmen, indem sie von dem Absolutiv *kirenzi* und dem Absolutivpronomen der 2. Pers. Sing. *-mma* ausgeht, dessen Anfügung den Stammvokal *-i* von *kirenzi* regelgerecht hätte zu *-a-* werden lassen.

---

[1] AoF 21, 1994, 170.

Daß I. Wegners Deutung aber nicht zutrifft, läßt sich, wie der folgende Beispielsatz zeigt, aus der Bilingue heraus geradezu beweisen.

(2) Hurritisch : KBo XXXII 13 I 12-13
e-la u̯a$_a$-aḫ-ru-ša da-a-an-ti-ib ne-ek-ri
e-še-ni-u̯e$_e$ ^{D}*A-al-la-a-ni*

Hethitisch : ibid. II 13-14
nu ša-ni-iz-zi-in EZEN4-*an i-e-et*
ták-na-a-aš ḫa-at-tal-u̯a-aš ták-na-a-as ^{D}UTU-*uš*
"und ein großartiges Fest feierte
die Sonnengöttin der Erde an den Riegeln der Erde"

Das Prädikat des hurrit. Satzes *tān=t=i=b,* das zum Verbum *tān-* "machen" gehört, stellt eine transitive Bildung dar. Dennoch steht des Subjekt des Satzes nicht im Ergativ, sondern im Absolutiv (^{D}Āllāni). Der Grund dafür liegt darin, daß trotz transitiver Verbalform der Satz selbst nicht transitiv konstruiert ist, d.h. das direkte Objekt steht nicht im Absolutiv, sondern im Essiv (*ela*). Daß es sich bei *ela* ("Fest") nicht um ein *a*-stämmiges Substantiv handelt, zeigt der Beleg *e*[-*l*]*i* aus einem Vokabular in Ugarit[2]. Wie das eingangs besprochene Verbum *šār-* hat auch das Verbum *tān-* "machen" im Mittani-Brief das direkte Objekt im Absolutiv neben sich[3]. Wir haben es also bei dem vorliegenden Satz (Prädikat *tān=t=i=b*) mit einer genauen Parallele zu Satz (1) zu tun. Dort hat man den Absolutiv ^{D}*Teššob* des vorhergehenden Satzes auch noch als Subjekt zu transitivem *šār=i=b* zu verstehen. Das dortige Enklitikon *-mma* ist dann auch nicht ein Absolutivpronomen, sondern ganz in unserem früheren Sinne die Konjunktion *-ma* "und"[4] , die auch sonst in diesem Text nach Vokal geminiert geschrieben wird (vgl. *šiklade=mma* I 6', 7' oder in KBo XXXII 14 I 45 *šīrna=mma*).

In Satz (2) liegt ein weiterer Essiv in dem *i*-stämmigen Abstraktum *faḫr=o=š=a* vor[5], das begrifflich durch heth. *šanizzi-* wiedergegeben wird. Das Syntagma *negri ešeni=ve* ist als Ortsangabe zu verstehen und läßt sich im Anschluß an die hethitische Übersetzung *taknāš ḫattalu̯aš* ("an den Riegeln der Erde") vielleicht am ehesten als "am Riegelwerk der Erde" deuten[6].

---

2 Vgl. E. LAROCHE, GLH 79. Hingegen *a*-stämmiges *ela* "Schwester".

3 Vgl. *andi=lla=an ēman=ām=ḫ=a tān=oš=au̯* IV 31f.; *taš=e abl=i tān=ōš=a* I 85

4 Vgl. E. LAROCHE, a.a.O. 163.

5 Vgl. E. LAROCHE, a.a.O. 293. Faßt man die betreffende Wortform adjektivisch, wäre *faḫroša* dann Attribut zu *ela* (Kongruenz !).

6 Der Auffassung von G. WILHELM (Orientalia 61, 1992, 133) oder von V. HAAS (Geschichte der hethitischen Religion. Leiden-New York-Köln 1994, 551), wonach *negri ešenive* ein Epitheton zu Āllani sein soll, vermag ich nicht zu folgen. Dagegen spricht auch der Dat.-Lokativ *ḫattalu̯aš* der hethitischen Übersetzung, und dieser gerade an jener Stelle zu mißtrauen, besteht kein Anlaß. Zu urartäisch *esi* (ohne 'Artikel') "auf den Thron" s. M. SALVINI, ZA 81, 1991, 128[31].

Syntaktisch liegt in den Sätzen (1) und (2) das sogenannte Antipassiv vor[7]. Es bleibt also festzuhalten, daß die an sich transitiven Verben *tān-* "machen" und *šār-* "fordern" – abweichend z.B. vom Mittani-Brief – das (nach unserem Verständnis) direkte Objekt nicht im Absolutiv, sondern im Essiv neben sich haben.

2. Folgt man etwa G. WILHELMS (a.a.O. 133) Textinterpretation, würde sich dem soeben behandelten Satzmuster auch der folgende Satz zuordnen lassen :

(3) Hurritisch : KBo XXXII 13 I 22
ụa$_a$-an-ta-ri-in-na-a-ma a-ki-ib ne-ḫi-ir-na

Hethitisch : ibid. II 22-23
LÚ.MEŠMUḪALDIM-*ma-kán* UZUGABAḪI.A
ša-ra-a da-a-ir
"Die Köche aber nahmen die Bruststücke[8] empor"

Unsere deutsche Übersetzung folgt dem hethitischen Wortlaut. Der hurritische Satz hingegen wäre nach G. WILHELM wörtlich mit "Die Köche aber nahmen in der Brust auf" zu übersetzen, indem er *neḫerna* als Essiv Sing. zu *neḫerni* (*neġ=er=ni*) "Brust" versteht. Aus dem Zusammenhang gerissen und ohne die hethitische Übersetzung bliebe mir G. WILHELMS Übersetzung unverständlich. Andererseits ist sein Hinweis, daß das Satzsubjekt *fand=ar=i=nni=nā* "die Köche" trotz transitiver Verbalform *ag=i=b* nicht im Agens, sondern im Absolutiv steht, voll berechtigt. Dennoch bleiben uns Zweifel, und wir geben daher zu erwägen, ob der vermeintliche Essiv *neḫerna* nicht doch eine Pluralform (vergleichbar UZUGABAḪI.A) im Absolutiv darstellt, syntaktisch in der Geltung eines direkten Objekts. Wir sind uns zwar bewußt, daß ein von *neḫerni* regelmäßig gebildeter pluralischer Absolutiv mit 'Artikel' eigentlich **neḫrenna* (aus **neḫern^{i}na*) lauten sollte, doch bietet die Bilingue neben sogenanntem regelmäßigen *evrenna* (zu *everni* "König") immerhin gleich mehrmals auch *evirna*[9] . Theoretisch ließe sich die Pluralform *evirna* zwar besser zu *evri* "Herr" stellen, doch wird in KBo XXXII 19 I 4 der Ausdruck *e-bi-ir-na* in der hethitischen Übersetzung durch das Sumerogramm [LUG]ALMEŠ "Könige" wiedergegeben. Die uns vor Kenntnis der Bilingue geläufige Unterscheidung zwischen *evri* "Herr" und *everni* "König" scheint im hurritischen Text der Bilingue ohnehin nicht so streng geregelt, wie mit Bezug

---

7 Zur Definition des Antipassivs s. V. HAAS-I. WEGNER, OLZ 86, 1991, 390f.; Chr. GIRBAL, SMEA 29, 1992, 171ff.

8 Die von geschlachteten Tieren stammenden "Bruststücke" galten wohl als besondere Leckerbissen.

9 Zu *e-bi-ir-na* s. KBo XXXII 20 I 4', 16'; Nr. 19 I 4 gegenüber *e-eb-ri-in-na* ibid. I 6, 8. Auch der soeben erwähnte Text Nr. 20, der *e-bi-ir-na* schreibt, kennt daneben *e-eb-ri-in-na* IV 18', 20' (Duplikat zu Nr. 19 I 6, 8).

auf DTeššob etwa auch die Entsprechung von *da-la-a-u̯uú-ši eb-ri* mit LU[GA]L GAL "großer König" der hethitischen Übersetzung zeigt (KBo XXXII 15 IV/III 14). Auch im Proömium (KBo XXXII 11 I 1f.) wird Gott Teššob "großer *evri* von Kummi" genannt[10]. Ein Absolutiv *neḫerna* "die Bruststücke" könnte immerhin nach *evirna* gebildet worden sein. Daß im Satz (3) das Subjekt im Absolutiv und nicht im Ergativ steht, könnte mit den im Bereich von Ergativsprachen anzutreffenden unterschiedlichen Graden von Belebtheit zusammenhängen, wonach in transitiven Sätzen bei einem Satzsubjekt, dem in seiner Begrifflichkeit bereits ein gutes Maß an Ergativität innewohnt, auf eine besondere morphologische Markierung dieser Eigenschaft verzichtet werden kann. Die genauen Bedingungen wären jedoch noch abzuklären.

3. Dies hatten wir bereits 1988 (FsThomas, 506 mit Anm. 12) für folgenden Satz erwogen :

(4) Hurritisch : KBo XXXII 15 IV 12-13
m*Me-e-ki-né-e ti-bé-e-na* ... *ka*$_4$*-ti-i̯a*

Hethitisch : ibid. III 12-13
m*Me-e-ki-iš ud-da-a-ar* ... *me-mi-iš-ki-iz-zi*
"Mēgi sagt ... die Worte"

Allerdings hat dann G. WILHELM (a.a.O. 135f.) den Absolutiv in Subjektfunktion als fehlerhaft moniert und eine Emendierung zu m*Mēgi=nē=š* (Ergativ) vorgeschlagen. Inzwischen hat aber I. WEGNER[11] in größerem Umfange überzeugend nachgewiesen, daß gerade bei einem solchen Satztyp mit *kad-* "sagen" auch außerhalb der Bilingue das Satzsubjekt in der Regel ohne Ergativmarkierung bleibt, ein Phänomen, das sie jedoch nicht mit unterschiedlichen Graden der Belebtheit in Verbindung bringen möchte (S. 167), da auch "belebt gedachte Gegenstände und handelnde Kultmittel" die Position des Subjekts einnehmen könnten[12]. Dieser Einwand läßt sich leicht entkräften, denn war einmal das betreffende Satzschema mit Personen und Gottheiten als Satzsubjekt geschaffen, konnten ebenso belebt gedachte Gegenstände ohne

[10] Von V. HAAS (Geschichte der heth. Religion, 551) traditionsgemäß mit "Herr" übersetzt, während I. WEGNER (SCCNH 7, 1995, 119) den Ausdruck *da-la-a-u̯uú-ši eb-ri* trotz der Gleichsetzung mit LU[GA]L GAL (s. oben) mit "großer König bzw. Herr" wiedergibt.

[11] AoF 21, 1994, 161ff. (s. auch Verf. in StBoT 32).

[12] Vgl. etwa ihre Satzbeispiele unter i und j mit *ḫāšarri* "das Feinöl" auf Seite 165. Zur Pleneschreibung vor dem virtuellen Ergativmorphem s. Seite 167. Vielleicht darf man damit auch die Pleneschreibung des pluralischen 'Artikels' in Satz (3) oder in *u̯a-ri-ni-na-a-ma mu-ú-ši-ib* (*mūš=i=b*) KBo XXXII 13 I 21 "die Bäcker stellten (ihre Backwaren) zurecht" in Verbindung bringen, die in dem nachfolgenden Satz *tab-ša-a-ḫi-na sú-uk-mu-uš-tab* (*sugm=ušt=a=b*) "die Mundschenken traten ein" unterblieben ist. Wichtig ist auch I. WEGNERS Beobachtung (Seite 167f.), wonach in dem Satz *oli=ffa kad=ul=ili* KBo XXXII 14 I 23f. das Absolutivpronomen korrekt gesetzt ist (dies zu G. WILHELMS Einwand a.a.O. 135).

zusätzliche Ergativmarkierung die Position eines Satzsubjekts einnehmen. Der handelnde Gegenstand fügte sich dem vorgegebenen Satzschema.

Wir möchten nicht unbedingt an der unterschiedlichen Graduierung von Belebtheit als Erklärungsprinzip für bestimmte syntaktische Phänomene festhalten; es erscheint uns aber zumindest erwägenswert.

4. Im Zusammenhang mit den bisher diskutierten Textstellen verdient auch der folgende hurritische Satz Beachtung, zu welchem die hethitische Übersetzung weggebrochen ist.

(5) Hurritisch : KBo XXXII 20 I 4'
m*Pa-i-bi-ib-la-an e-bi-ir-na ki-iš-ḫé-né* a̤[*-ki-tu*]
(m*Pa=i=b-Ibla=an evirna kišḫe=ne ag=ido*)

Die präteritale Verbalform (3. Pers. Plur.) *ag=ido* ist durch ibid. I 16' gesichert. Möglicherweise hat man am Ende von I 3' noch *ša-ar-ri* "König" (vgl. I 6') zu ergänzen, so daß der obige Satz mit *šarri* begänne[13]. Falls man dann *šarri* m*Pa=i=b-Ibla=an* (oder emphatisches *-n* ?) tatsächlich als Teil des obigen Satzes aufzufassen hat, ergibt sich folgende Übersetzung : "Und (den) König m*Pa=i=b-Ibla* geleiteten die *Würdenträger* zum Thron". In dem kleinen, nur in hurritischer Sprache erhaltenen Textbruchstück werden noch die Könige m*Ar=i=b-Ibla* I 3' und m*Eše=vavu* I 13', 15' genannt, die ebenso zu ihrem Thron hingeführt werden. Aus dem Text KBo XXXII 19 I/II 1ff. wissen wir, daß in Ebla, in der "Stadt des Thrones", insgesamt neun Könige zusammengekommen waren. Jeder von ihnen wird von *Würdenträgern* zu seinem Thron geführt. Man wird davon ausgehen dürfen, daß auf der Tafel KBo XXXII 20 die Namen dieser neun Könige, denen offensichtlich allen das gleiche Zeremoniell zuteil wurde, genannt waren. Mēgi, der Herrscher von Ebla (mit dem Titel "Stern von Ebla"), gilt als der zehnte (hurrit. *em=am=ze=ne*) König dieser erlauchten Versammlung.

Aus grammatischer Sicht sei zunächst die im Absolutiv mit 'Artikel' stehende Ortsangabe *kišḫe=ne* "zum Thron hin" erwähnt[14]. Mit Blick auf die hier geführte Diskussion ist aber von besonderem Interesse die Tatsache, daß das Subjekt des transitiven Satzes (*evirna*) nicht im Ergativ, sondern im Absolutiv steht[15]. Wir begnügen uns mit der Feststellung dieses Befundes, der deutlich gegen die bisherige präskriptive Grammatik des Hurritischen zu verstoßen scheint.

---

13 In KBo XXXII 13 I 3 ist übliches [*š*]*ar-ri* geschrieben. Zum gesamten Textfragment KBo XXXII 20 s. Umschrift und Kommentar in StBoT 32. Zur Präteritalendung *-ido* vgl. M. SALVINI, ZA 81, 1991, 130f.

14 Zu diesem Phänomen s. Verf., FsAlp 1992, 391ff.

15 Den Satz uneingeleitet mit *evirna* beginnen zu lassen und diesen dann mit "die Könige geleitete man zum Thron" zu übersetzen, dagegen hätten wir kontextuelle und inhaltliche Bedenken.

5. Ausgehend von dem Nebeneinander *evirna/evrenna* (innerhalb der Bilingue beide in der Bedeutung “Könige”) und unter Bezugnahme auf die oben besprochene Wortform *neḫerna* (*neġerna*) des Satzes (3) stellt sich für uns die Frage, ob nicht auch andere Wortformen, die nach unserem bisherigen Wissen lautlich als Essive des Singulars zu interpretieren sind, möglicherweise Pluralformen des Absolutivs (mit ‘Artikel’) darstellen.

So heißt es im Zusammenhang mit der kunstvollen Verfertigung eines Kupferbechers :

(6) Hurritisch : KBo XXXII 14 I 44-45
a-ku-ú-úr-na a-ku-lu-ú-u̯a

Hethitisch : KBo XXXII 14 II 44
na-an gul-aš-ta
“und ihn (den Becher) ziselierte er”

In dem hurritischen Satz *agūrna ag=ul=uu̯a* liegt eine Figura etymologica vor, die sich im Deutschen wörtlich etwa als “Ziselierungen ziselierte er” nachempfinden ließe.[16] Setzt man ein Substantiv *ag=ūr=ni* an, wäre entsprechend *evrenna* (von *everni*) eigentlich **agūrunna* als Absolutiv zu erwarten. Das Vorliegen eines Essivs[17] würde uns persönlich inhaltlich Verständnisschwierigkeiten bereiten. Daher geht unsere Überlegung dahin, ob es vielleicht in einem früheren Sprachstadium statt oder neben einer Entwicklung **agūrn^i^na* > **agūrunna* nicht auch eine Art haplologischer Verkürzung, die das Morphem *-ni* ausschaltete, gegeben haben könnte : **agūrni=na* > **agūrna*. Der Tragweite einer solchen Vermutung sind wir uns bewußt. Dieser haplologischen Wirkung unterlägen möglicherweise dann auch Formen wie *neḫerna* “Bruststücke” aus Satz (3), *ši-i-ir-na* KBo XXXII 14 I 45 ‘‘Glanzmittel ?’’[18] oder *šidarna* ibid. I 9 in der Wendung *šidarna kul=ū/ōr-*[19].

---

16 Zu Satz (6) s. Verf., FsOtten 1988, 239, 244.

17 So G. Wilhelm, a.a.O. 128.

18 Von G. Wilhelm (a.a.O. 134) als Essiv verstanden. Als Bedeutung von *šīr=ni* setzt er (mit Blick auf heth. *maišti anda*) “Einzelheit, Detail” (?) an. Zu *maišt-* s. jedoch Verf., StBoT 32 im Kommentar zu dieser Textstelle.

19 Zum Problem s. G. Wilhelm, a.a.O. 131. Gemäß unserem ersten Deutungsversuch verstanden wir *šidarna* (Absolutiv Pluralis) als inneres Objekt zu dem transitiven Verbum *kul=ōr=o-m* (“Flüche sprach er”) und folglich Verbum und inneres Objekt als eine begriffliche Einheit im Sinne von “verfluchen” (heth. *ḫurt-*). Insofern konnte dann noch ein Absolutiv als Objekt (oder Richtungskasus?) hinzutreten : *nāli faban=ne=š šid=ar=na* (haplologisch verkürzt als **šid=ar=ni=na*) *k.* “den Rehbock verfluchte der Berg”. Geht man hingegen mit V. Haas (Xenia 21, 1988, 141[74]) und G. Wilhelm für *šidarna* von einem Essiv *šid=ar=n=a aus*, ergibt sich als wörtliche Übersetzung “den Rehbock sprach er in Verfluchung”. Für “er verflucht” wird in der Bilingue aber auch die transitive Verbalform *šid=ar=a* (mit Verbalendung *-a*) gebraucht. Davon sind jedoch intransitive prädikative Bildungen auf *-a* wie *fett=a* “(ist) hungrig” oder *ḫeš=āl=a* “(ist) nackt” zu unterscheiden (KBo XXXII 15 I 8', 11').

6. Mit dieser Überlegung, die für einige Mitforscher gewiß schon als falsifiziert gilt, beenden wir unsere kleine Studie zur hurritischen Syntax – in der Hoffnung, daß im Rahmen weiterer gemeinsamer Bemühungen um die Grammatik des Hurritischen verstärkt Klarheit zugunsten der einen oder der anderen Auffassung zu gewinnen sein möge. Auch wenn in lautlicher und morphologischer Hinsicht gegen die Deutung der zuletzt genannten Nominalformen auf *-na* als Essive keine Einwände bestehen, stellt sich für uns eher aus inhaltlichen Gründen, besonders eklatant bezüglich Satz (3), noch immer die Frage nach eventuellem Homomorphismus hinsichtlich Nominalformen, für die wir alternativ pluralische Absolutive mit 'Artikel' erwogen haben.

BIBLIOGRAPHIE

GIRBAL, Christian, 1992, "Das hurritische Antipassiv", *Studi Micenei ed Egeo-Anatolici* [SMEA] 29, 171-182.

HAAS, Volkert, 1988, "Die hurritisch-hethitischen Rituale der Beschwörerin Allaituraḫ(ḫ)i und ihr literarhistorischer Hintergrund", *Xenia* 21, 117-143.

HAAS, Volkert, 1994, *Geschichte der hethitischen Religion* (= Handbuch der Orientalistik, 15. Band), Leiden-New York-Köln : E.J. Brill.

HAAS, Volkert - WEGNER, Ilse, 1991, "Rezension von H. Otten - Chr. Rüster, Keilschrifttexte aus Boghazköi XXXII", *Orientalistische Literaturzeitung* [OLZ] 86, 384-391.

LAROCHE, Emmanuel, 1980, *Glossaire de la langue hourrite*, [GLH], Paris : Éditions Klincksieck.

NEU, Erich, 1988a, "Hurritische Verbalformen auf *-ai* aus der hurritisch-hethitischen Bilingue", in : P. Kosta (Hrsg.), *Studia Indogermanica et Slavica.* Festschrift für W. Thomas zum 65. Geburtstag (= Specimina Philologiae Slavicae. Supplementband 26). [FsThomas], München, 503-513.

NEU, Erich, 1988b, "Varia Hurritica. Sprachliche Beobachtungen an der hurritisch-hethitischen Bilingue aus Ḫattuša", in : *Documentum Asiae Minoris Antiquae.* Festschrift für Heinrich Otten zum 75. Geburtstag Herausgegeben von E. Neu - Chr. Rüster, [FsOtten], Wiesbaden : Otto Harrassowitz Verlag, 235-254.

NEU, Erich, 1988c, "Zum hurritischen 'Essiv' in der hurritisch-hethitischen Bilingue aus Ḫattuša", *Hethitica* IX, 157-170.

NEU, Erich, 1992, "Der hurritische Absolutiv als Ortskasus. Zur Syntax der hurritisch-hethitischen Bilingue aus Ḫattuša", in : E. Akurgal - H. Ertem - H. Otten - A. Süel (Hrsg.), *Hittite and Other Anatolian and Near Eastern Studies in Honor of S. Alp*, [FsAlp], Ankara : Türk Tarih Kurumu Basimevi, 391-400.

NEU, Erich, 1996, *Das hurritische Epos der Freilassung I - Untersuchungen zu einem hurritisch-hethitischen Textensemble aus Ḫattuša* (= Studien zu den Boğazköy-Texten, 32), [StBoT 32], Wiesbaden : Otto Harrassowitz Verlag.

OTTEN, Heinrich - RÜSTER, Christel, 1990, *Die hurritisch-hethitische Bilingue und weitere Texte aus der Oberstadt*, Keilschrifttexte aus Boghazköi [KBo] XXXII, Berlin : Gebr. Mann Verlag.

SALVINI, Mirjo, 1991, "Betrachtungen zum hurritisch-urartäischen Verbum", *Zeitschrift für Assyriologie und Vorderasiatische Archäologie* [ZA] 81, 120-132.

WEGNER, Ilse, 1994, "Hurritische Verba dicendi mit einfacher und doppelter Absolutiv-Rektion", *Altorientalische Forschungen* [AoF] 21, 161-170.

WEGNER, Ilse, 1995, "Der Name der Ša(w)uška", *Studies on the Civilization and Culture of Nuzi and the Hurrians* [SCCNH] 7, 117-120.

WILHELM, Gernot, 1992, "Hurritische Lexikographie und Grammatik : Die hurritisch-hethitische Bilingue aus Boğazköy", *Orientalia Nova Series* 61, 122-141

Adresse de l'auteur :

Sprachwissenschaftliches Institut
Ruhr-Universität
D-44780 Bochum
Allemagne

BIBLIOTHÈQUE DES CILL (BCILL)

BCILL 1: **JUCQUOIS G.,** *La reconstruction linguistique. Application à l'indo-européen*, 267 pp., 1976 (réédition de CD 2). Prix: 670,- FB.
A l'aide d'exemples repris principalement aux langues indo-européennes, ce travail vise à mettre en évidence les caractères spécifiques ou non des langues reconstruites: universaux, théorie de la racine, reconstruction lexicale et motivation.

BCILL 2-3: **JUCQUOIS G.,** *Introduction à la linguistique différentielle, I + II*, 313 pp., 1976 (réédition de CD 8-9) (épuisé).

BCILL 4: *Löwen und Sprachtiger. Actes du 8e colloque de Linguistique* (Louvain, septembre 1973), **éd. KERN R.,** 584 pp., 1976. Prix: 1.500,- FB.
La quarantaine de communications ici rassemblées donne un panorama complet des principales tendances de la linguistique actuelle.

BCILL 5: *Language in Sociology*, **éd. VERDOODT A. et KJOLSETH Rn,** 304 pp., 1976. Prix: 760,- FB.
From the 153 sociolinguistics papers presented at the 8th World Congress of Sociology, the editors selected 10 representative contributions about language and education, industrialization, ethnicity, politics, religion, and speech act theory.

BCILL 6: **HANART M.,** *Les littératures dialectales de la Belgique romane: Guide bibliographique*, 96 pp., 1976 (2e tirage, corrigé de CD 12). Prix: 340,- FB.
En ce moment où les littératures connexes suscitent un regain d'intérêt indéniable, ce livre rassemble une somme d'informations sur les productions littéraires wallonnes, mais aussi picardes et lorraines. Y sont également considérés des domaines annexes comme la linguistique dialectale et l'ethnographie.

BCILL 7: *Hethitica II*, **éd. JUCQUOIS G. et LEBRUN R.,** avec la collaboration de DEVLAMMINCK B., II-159 pp., 1977, Prix: 480,- FB.
Cinq ans après *Hethitica I* publié à la Faculté de Philosophie et Lettres de l'Université de Louvain, quelques hittitologues belges et étrangers fournissent une dizaine de contributions dans les domaines de la linguistique anatolienne et des cultures qui s'y rattachent.

BCILL 8: **JUCQUOIS G. et DEVLAMMINCK B.,** *Compléments aux dictionnaires étymologiques du grec*. Tome I: A-K, II-121 pp., 1977. Prix: 380,- FB.
Le *Dictionnaire étymologique de la langue grecque* du regretté CHANTRAINE P. est déjà devenu, avant la fin de sa parution, un classique indispensable pour les hellénistes. Il a fait l'objet de nombreux compres rendus, dont il a semblé intéressant de regrouper l'essentiel en un volume. C'est le but que poursuivent ces *Compléments aux dictionnaires étymologiques du grec*.

BCILL 9: **DEVLAMMINCK B. et JUCQUOIS G.,** *Compléments aux dictionnaires étymologiques du gothique*. Tome I: A-F, II-123 pp., 1977. Prix: 380,- FB.
Le principal dictionnaire étymologique du gothique, celui de Feist, date dans ses dernières éditions de près de 40 ans. En attendant une refonte de l'œuvre qui

incorporerait les données récentes, ces compléments donnent l'essentiel de la littérature publiée sur ce sujet.

BCILL 10: **VERDOODT A.,** *Les problèmes des groupes linguistiques en Belgique: Introduction à la bibliographie et guide pour la recherche*, 235 pp., 1977 (réédition de CD 1). Prix: 590,- FB.
Un «trend-report» de 2.000 livres et articles relatifs aux problèmes socio-linguistiques belges. L'auteur, qui a obtenu l'aide de nombreux spécialistes, a notamment dépouillé les catalogues par matière des bibliothèques universitaires, les principales revues belges et les périodiques sociologiques et linguistiques de classe internationale.

BCILL 11: **RAISON J. et POPE M.,** *Index transnuméré du linéaire A*, 333 pp., 1977. Prix: 840,- FB.
Cet ouvrage est la suite, antérieurement promise, de RAISON-POPE, Index du linéaire A, Rome 1971. A l'introduction près (et aux dessins des «mots»), il en reprend entièrement le contenu et constitue de ce fait une édition nouvelle, corrigée sur les originaux en 1974-76 et augmentée des textes récemment publiés d'Arkhanès, Knossos, La Canée, Zakro, etc., également autopsiés et rephotographiés par les auteurs.

BCILL 12: **BAL W. et GERMAIN J.,** *Guide bibliographique de linguistique romane*, VI-267 pp., 1978. Prix 685,- FB., ISBN 2-87077-097-9, 1982, ISBN 2-8017-099-1.
Conçu principalement en fonction de l'enseignement, cet ouvrage, sélectif, non exhaustif, tâche d'être à jour pour les travaux importants jusqu'à la fin de 1977. La bibliographie de linguistique romane proprement dite s'y trouve complétée par un bref aperçu de bibliographie générale et par une introduction bibliographique à la linguistique générale.

BCILL 13: **ALMEIDA I.,** *L'opérativité sémantique des récits-paraboles. Sémiotique narrative et textuelle. Herméneutique du discours religieux.* Préface de Jean LADRIÈRE, XIII-484 pp., 1978. Prix: 1.250,- FB.
Prenant comme champ d'application une analyse sémiotique fouillée des récitsparaboles de l'Évangile de Marc, ce volume débouche sur une réflexion herméneutique concernant le monde religieux de ces récits. Il se fonde sur une investigation épistémologique contrôlant les démarches suivies et situant la sémiotique au sein de la question générale du sens et de la comprehension.

BCILL 14: *Études Minoennes I: le linéaire A*, **éd. Y. DUHOUX**, 191 pp., 1978. Prix: 480,- FB.
Trois questions relatives à l'une des plus anciennes écritures d'Europe sont traitées dans ce recueil; évolution passée et état présent des recherches; analyse linguistique de la langue du linéaire A; lecture phonétique de toutes les séquences de signes éditées à ce jour.

BCILL 15: *Hethitica III*, 165 pp., 1979. Prix: 490,- FB.
Ce volume rassemble quatre études consacrées à la titulature royal hittite, la femme dans la société hittite, l'onomastique lycienne et gréco-asianique, les rituels CTH 472 contre une impureté.

BCILL 16: **GODIN P.**, *Aspecten van de woordvolgorde in het Nederlands. Een syntaktische, semantische en functionele benadering*, VI + 338 pp., 1980. Prix: 1.000,- FB., ISBN 2-87077-241-6.
In dit werk wordt de stelling verdedigd dat de woordvolgorde in het Nederlands beregeld wordt door drie hoofdfaktoren, nl. de syntaxis (in de engere betekenis van dat woord), de semantiek (in de zin van distributie van de dieptekasussen in de oppervlaktestruktuur) en het zgn. functionele zinsperspektief (d.i. de distributie van de constituenten naargelang van hun graad van communicatief dynamisme).

BCILL 17: **BOHL S.**, *Ausdrucksmittel für ein Besitzverhältnis im Vedischen und griechischen*, III + 108 pp., 1980. Prix: 360,- FB., ISBN 2-87077-170-3.
This study examines the linguistic means used for expressing possession in Vedic Indian and Homeric Greek. The comparison, based on a select corpus of texts, reveals that these languages use essentially inherited devices but with differing frequency ratios, in addition Greek has developed a verb "to have", the result of a different rhythm in cultural development.

BCILL 18: **RAISON J. et POPE M.**, *Corpus transnuméré du linéaire A*, 350 pp., 1980. Prix: 1.100,- FB.
Cet ouvrage est, d'une part, la clé à l'Index transnuméré du linéaire A des mêmes auteurs, BCILL 11: de l'autre, il ajoute aux recueils d'inscriptions déjà publiés de plusieurs côtés des compléments indispensables; descriptions, transnumérations, apparat critique, localisation précise et chronologie détaillée des textes, nouveautés diverses, etc.

BCILL 19: **FRANCARD M.**, *Le parler de Tenneville. Introduction à l'étude linguistique des parlers wallo-lorrains*, 312 pp., 1981. Prix: 780,- FB., ISBN 2-87077-000-6.
Dialectologues, romanistes et linguistes tireront profit de cette étude qui leur fournit une riche documentation sur le domaine wallo-lorrain, un aperçu général de la segmentation dialectale en Wallonie, et de nouveaux matériaux pour l'étude du changement linguistique dans le domaine gallo-roman. Ce livre intéressera aussi tous ceux qui sont attachés au patrimoine culturel du Luxembourg belge en particulier, et de la Wallonie en général.

BCILL 20: **DESCAMPS A. et al.**, *Genèse et structure d'un texte du Nouveau Testament. Étude interdisciplinaire du chapitre 11 de l'Évangile de Jean*, 292 pp., 1981. Prix: 895,- FB.
Comment se pose le problème de l'intégration des multiples approches d'un texte biblique? Comment articuler les unes aux autres les perspectives développées par l'exégèse historicocritique et les approches structuralistes? C'est à ces questions que tentent de répondre les auteurs à partir de l'étude du récit de la résurrection de Lazare. Ce volume a paru simultanément dans la collection «Lectio divina» sous le n° 104, au Cerf à Paris, ISBN 2-204-01658-6.

BCILL 21: *Hethitica IV*, 155 pp., 1981. Prix: 390,- FB., ISBN 2-87077-026.
Six contributions d'E. Laroche, F. Bader, H. Gonnet, R. Lebrun et P. Crepon sur: les noms des Hittites; hitt. *zinna-*; un geste du roi hittite lors des affaires agraires; vœux de la reine à Istar de Lawazantiya; pauvres et démunis dans la société hittite; le thème du cerf dans l'iconographie anatolienne.

BCILL 22: **J.-J. GAZIAUX**, *L'élevage des bovidés à Jauchelette en roman pays de Brabant. Étude dialectologique et ethnographique*, XVIII + 372 pp., 1 encart, 45 illustr., 1982. Prix: 1.170,- FB., ISBN 2-87077-137-1.
Tout en proposant une étude ethnographique particulièrement fouillée des divers aspects de l'élevage des bovidés, avec une grande sensibilité au facteur humain, cet ouvrage recueille le vocabulaire wallon des paysans d'un petit village de l'est du Brabant, contrée peu explorée jusqu'à présent sur le plan dialectal.

BCILL 23: *Hethitica V*, 131 pp., 1983. Prix: 330,- FB., ISBN 2-87077-155-X.
Onze articles de H. Berman, M. Forlanini, H. Gonnet, R. Haase, E. Laroche, R. Lebrun, S. de Martino, L.M. Mascheroni, H. Nowicki, K. Shields.

BCILL 24: **L. BEHEYDT**, *Kindertaalonderzoek. Een methodologisch handboek*, 252 pp., 1983. Prix: 620,- FB., ISBN 2-87077-171-1.
Dit werk begint met een overzicht van de trends in het kindertaalonderzoek. Er wordt vooral aandacht besteed aan de methodes die gebruikt worden om de taalontwikkeling te onderzoeken en te bestuderen. Het biedt een gedetailleerd analyserooster voor het onderzoek van de receptieve en de produktieve taalwaardigheid zowel door middel van tests als door middel van bandopnamen. Zowel onderzoek van de woordenschat als onderzoek van de grammatica komen uitvoerig aan bod.

BCILL 25: **J.-P. SONNET**, *La parole consacrée. Théorie des actes de langage, linguistique de l'énonciation et parole de la foi*, VI-197 pp., 1984. Prix: 520,- FB. ISBN 2-87077-239-4.
D'où vient que la parole de la foi ait une telle force? Ce volume tente de répondre à cette question en décrivant la «parole consacrée», en cernant la puissance spirituelle et en définissant la relation qu'elle instaure entre l'homme qui la prononce et le Dieu dont il parle.

BCILL 26: **A. MORPURGO DAVIES - Y. DUHOUX (ed.)**, *Linear B: A 1984 Survey, Proceedings of the Mycenaean Colloquium of the VIIIth Congress of the International Federation of the Societies of Classical Studies (Dublin, 27 August-1st September 1984)*, 310 pp., 1985. Price: 850 FB., ISBN 2-87077-289-0.
Six papers by well known Mycenaean specialists examine the results of Linear B studies more than 30 years after the decipherment of script. Writing, language, religion and economy are all considered with constant reference to the Greek evidence of the First Millennium B.C. Two additional articles introduce a discussion of archaeological data which bear on the study of Mycenaean religion.

BCILL 27: *Hethitica VI*, 204 pp., 1985. Prix: 550 FB. ISBN 2-87077-290-4.
Dix articles de J. Boley, M. Forlanini, H. Gonnet, E. Laroche, R. Lebrun, E. Neu, M. Paroussis, M. Poetto, W.R. Schmalstieg, P. Swiggers.

BCILL 28: **R. DASCOTTE**, *Trois suppléments au dictionnaire du wallon du Centre*, 359 pp., 1 encart, 1985. Prix: 950 FB. ISBN 2-87077-303-X.
Ce travail comprend 5.200 termes qui apportent un complément substantiel au *Dictionnaire du wallon du Centre* (8.100 termes). Il est le fruit de 25 ans d'enquête sur le terrain et du dépouillement de nombreux travaux dont la plupart sont inédits, tels des

mémoires universitaires. Nul doute que ces *Trois suppléments au dictionnaire du wallon du Centre* intéresseront le spécialiste et l'amateur.

BCILL 29: **B. HENRY**, *Les enfants d'immigrés italiens en Belgique francophone, Seconde génération et comportement linguistique*, 360 pp., 1985. Prix: 950 FB. ISBN 2-87077-306-4.
L'ouvrage se veut un constat de la situation linguistique de la seconde génération immigrée italienne en Belgique francophone en 1976. Il est basé sur une étude statistique du comportement linguistique de 333 jeunes issus de milieux immigrés socio-économiques modestes. Des chiffres préoccupants qui parlent et qui donnent à réfléchir...

BCILL 30: **H. VAN HOOF**, *Petite histoire de la traduction en Occident*, 105 pp., 1986. Prix: 380 FB. ISBN 2-87077-343-9.
L'histoire de notre civilisation occidentale vue par la lorgnette de la traduction. De l'Antiquité à nos jours, le rôle de la traduction dans la transmission du patrimoine gréco-latin, dans la christianisation et la Réforme, dans le façonnage des langues, dans le développement des littératures, dans la diffusion des idées et du savoir. De la traduction orale des premiers temps à la traduction automatique moderne, un voyage fascinant.

BCILL 31: **G. JUCQUOIS**, *De l'egocentrisme à l'ethnocentrisme*, 421 pp., 1986. Prix: 1.100 FB. ISBN 2-87077-352-8.
La rencontre de l'Autre est au centre des préoccupations comparatistes. Elle constitue toujours un événement qui suscite une interpellation du sujet: les manières d'être, d'agir et de penser de l'Autre sont autant de questions sur nos propres attitudes.

BCILL 32: **G. JUCQUOIS**, *Analyse du langage et perception culturelle du changement*, 240 p., 1986. Prix: 640 FB. ISBN 2-87077-353-6.
La communication suppose la mise en jeu de différences dans un système perçu comme permanent. La perception du changement est liée aux données culturelles: le concept de différentiel, issu très lentement des mathématiques, peut être appliquée aux sciences du vivant et aux sciences de l'homme.

BCILL 33-35: **L. DUBOIS**, *Recherches sur le dialecte arcadien*, 3 vol., 236, 324, 134 pp., 1986. Prix: 1.975 FB. ISBN 2-87077-370-6.
Cet ouvrage présente aux antiquisants et aux linguistes un corpus mis à jour des inscriptions arcadiennes ainsi qu'une description synchronique et historique du dialecte. Le commentaire des inscriptions est envisagé sous l'angle avant tout philologique; l'objectif de la description de ce dialecte grec est la mise en évidence de nombreux archaïsmes linguistiques.

BCILL 36: *Hethitica VII*, 267 pp., 1987. Prix: 800 FB.
Neuf articles de P. Cornil, M. Forlanini, G. Gonnet, R. Haase, G. Kellerman, R. Lebrun, K. Shields, O. Soysal, Th. Urbin Choffray.

BCILL 37: *Hethitica VIII. Acta Anatolica E. Laroche oblata*, 426 pp., 1987. Prix: 1.300 FB.

Ce volume constitue les *Actes* du Colloque anatolien de Paris (1-5 juillet 1985): articles de D. Arnaud, D. Beyer, Cl. Brixhe, A.M. et B. Dinçol, F. Echevarria, M. Forlanini, J. Freu, H. Gonnet, F. Imparati, D. Kassab, G. Kellerman, E. Laroche, R. Lebrun, C. Le Roy, A. Morpurgo Davies et J.D. Hawkins, P. Neve, D. Parayre, F. Pecchioli-Daddi, O. Pelon, M. Salvini, I. Singer, C. Watkins.

BCILL 38: **J.-J. GAZIAUX**, *Parler wallon et vie rurale au pays de Jodoigne à partir de Jauchelette*. Avant-propos de Willy Bal, 368 pp., 1987. Prix: 790 FB.
Après avoir caractérisé le parler wallon de la région de Jodoigne, l'auteur de ce livre abondamment illustré s'attache à en décrire le cadre villageois, à partir de Jauchelette. Il s'intéresse surtout à l'évolution de la population et à divers aspects de la vie quotidienne (habitat, alimentation, distractions, vie religieuse), dont il recueille le vocabulaire wallon, en alliant donc dialectologie et ethnographie.

BCILL 39: **G. SERBAT**, *Linguistique latine et Linguistique générale*, 74 pp., 1988. Prix: 280 FB. ISBN 90-6831-103-4.
Huit conférences faites dans le cadre de la Chaire Francqui, d'octobre à décembre 1987, sur: le temps; deixis et anaphore; les complétives; la relative; nominatif; génitif partitif; principes de la dérivation nominale.

BCILL 40: *Anthropo-logiques*, éd. D. Huvelle, J. Giot, R. Jongen, P. Marchal, R. Pirard (Centre interdisciplinaire de Glossologie et d'Anthropologie Clinique), 202 pp., 1988. Prix: 600 FB. ISBN 90-6831-108-5.
En un moment où l'on ne peut plus ignorer le malaise épistémologique où se trouvent les sciences de l'humain, cette série nouvelle publie des travaux situés dans une perspective anthropo-logique unifiée mais déconstruite, épistémologiquement et expérimentalement fondée. Domaines abordés dans ce premier numéro: présentation générale de l'anthropologie clinique; épistémologie; linguistique saussurienne et glossologie; méthodologie de la description de la grammaticalité langagière (syntaxe); anthropologie de la personne (l'image spéculaire).

BCILL 41: **M. FROMENT**, *Temps et dramatisations dans les récits écrits d'élèves de 5*^{e}, 268 pp., 1988. Prix: 850 FB.
Les récits soumis à l'étude ont été analysés selon les principes d'une linguistique qui intègre la notion de circulation discursive, telle que l'a développée M. Bakhtine.
La comparaison des textes a fait apparaître que le temps était un principe différenciateur, un révélateur du type d'histoire racontée.
La réflexion sur la temporalité a également conduit à constituer une typologie des textes intermédiaire entre la langue et la diversité des productions, en fonction de leur homogénéité.

BCILL 42: **Y.L. ARBEITMAN** (ed.), *A Linguistic Happening in Memory of Ben Schwartz. Studies in Anatolian, Italic and Other Indo-European Languages*, 598 pp., 1988. Prix: 1800,- FB.
36 articles dédiés à la mémoire de B. Schwartz traitent de questions de linguistique anatolienne, italique et indo-européenne.

BCILL 43: *Hethitica IX*, 179 pp., 1988. Prix: 540 FB. ISBN. Cinq articles de St. DE MARTINO, J.-P. GRÉLOIS, R. LEBRUN, E. NEU, A.-M. POLVANI.

BCILL 44: **M. SEGALEN** (éd.), *Anthropologie sociale et Ethnologie de la France*, 873 pp., 1989. Prix: 2.620 FB. ISBN 90-6831-157-3 (2 vol.).
Cet ouvrage rassemble les 88 communications présentées au Colloque International «Anthropologie sociale et Ethnologie de la France» organisé en 1987 pour célébrer le cinquantième anniversaire du Musée national des Arts et Traditions populaires (Paris), une des institutions fondatrices de la discipline. Ces textes montrent le dynamisme et la diversité de l'ethnologie chez soi. Ils sont organisés autour de plusieurs thèmes: le regard sur le nouvel «Autre», la diversité des cultures et des identités, la réévaluation des thèmes classiques du symbolique, de la parenté ou du politique, et le rôle de l'ethnologue dans sa société.

BCILL 45: **J.-P. COLSON**, *Krashens monitortheorie: een experimentele studie van het Nederlands als vreemde taal. La théorie du moniteur de Krashen: une étude expérimentale du néerlandais, langue étrangère*, 226 pp., 1989. Prix: 680 FB. ISBN 90-6831-148-4.
Doel van dit onderzoek is het testen van de monitortheorie van S.D. Krashen in verband met de verwerking van het Nederlands als vreemde taal. Tevens wordt uiteengezet welke plaats deze theorie inneemt in de discussie die momenteel binnen de toegepaste taalwetenschap gaande is.

BCILL 46: *Anthropo-logiques* 2 (1989), 324 pp., 1989. Prix: 970 FB. ISBN 90-6831-156-5.
Ce numéro constitue les Actes du Colloque organisé par le CIGAC du 5 au 9 octobre 1987. Les nombreuses interventions et discussions permettent de dégager la spécificité épistémologique et méthodologique de l'anthropologie clinique: approches (théorique ou clinique) de la rationalité humaine, sur le plan du signe, de l'outil, de la personne ou de la norme.

BCILL 47: **G. JUCQUOIS**, *Le comparatisme*, t. 1: *Généalogie d'une méthode*, 206 pp., 1989. Prix: 750 FB. ISBN 90-6831-171-9.
Le comparatisme, en tant que méthode scientifique, n'apparaît qu'au XIXe siècle. En tant que manière d'aborder les problèmes, il est beaucoup plus ancien. Depuis les premières manifestations d'un esprit comparatiste, à l'époque des Sophistes de l'Antiquité, jusqu'aux luttes théoriques qui préparent, vers la fin du XVIIIe siècle, l'avènement d'une méthode comparative, l'histoire des mentalités permet de préciser ce qui, dans une société, favorise l'émergence contemporaine de cette méthode.

BCILL 48: **G. JUCQUOIS**, *La méthode comparative dans les sciences de l'homme*, 138 pp., 1989. Prix: 560 FB. ISBN 90-6831-169-7.
La méthode comparative semble bien être spécifique aux sciences de l'homme. En huit chapitres, reprenant les textes de conférences faites à Namur en 1989, sont présentés les principaux moments d'une histoire du comparatisme, les grands traits de la méthode et quelques applications interdisciplinaires.

BCILL 49: *Problems in Decipherment*, edited by **Yves DUHOUX, Thomas G. PALAIMA and John BENNET**, 1989, 216 pp. Price: 650 BF. ISBN 90-6831-177-8.

Five scripts of the ancient Mediterranean area are presented here. Three of them are still undeciphered — "Pictographic" Cretan; Linear A; Cypro-Minoan. Two papers deal with Linear B, a successfully deciphered Bronze Age script. The last study is concerned with Etruscan.

BCILL 50: **B. JACQUINOD**, *Le double accusatif en grec d'Homère à la fin du Ve siècle avant J.-C.* (publié avec le concours du Centre National de la Recherche Scientifique), 1989, 305 pp. Prix: 900 FB. ISBN 90-6831-194-8.
Le double accusatif est une des particularités du grec ancien: c'est dans cette langue qu'il est le mieux représenté, et de beaucoup. Ce tour, loin d'être un archaïsme en voie de disparition, se développe entre Homère et l'époque classique. Les types de double accusatif sont variés et chacun conduit à approfondir un fait de linguistique générale: expression de la sphère de la personne, locution, objet interne, transitivité, causativité, etc. Un livre qui intéressera linguistes, hellénistes et comparatistes.

BCILL 51: **Michel LEJEUNE**, *Méfitis d'après les dédicaces lucaniennes de Rossano di Vaglio*, 103 pp., 1990. Prix: 400,- FB. ISBN 90-6831-204-3.
D'après l'épigraphie, récemment venue au jour, d'un sanctuaire lucanien (-IVe/-Ier s.), vues nouvelles sur la langue osque et sur le culte de la déesse Méfitis.

BCILL 52: *Hethitica* X, 211 pp., 1990. Prix: 680 FB. Sept articles de P. CORNIL, M. FORLANINI, H. GONNET, J. KLINGER et E. NEU, R. LEBRUN, P. TARACHA, J. VANSCHOONWINKEL. ISBN 90-6831-288-X.

BCILL 53: **Albert MANIET**, *Phonologie quantitative comparée du latin ancien*, 1990, 362 pp. Prix: 1150 FB. ISBN 90-6831-225-1.
Cet ouvrage présente une statistique comparative, accompagnée de remarques d'ordre linguistique, des éléments et des séquences phoniques figurant dans un corpus latin de 2000 lignes, de même que dans un état plus ancien de ce corpus, reconstruit sur base de la phonétique historique des langues indo-européennes.

BCILL 54-55: **Charles de LAMBERTERIE**, *Les adjectifs grecs en -υς. Sémantique et comparaison* (publié avec le concours de l'Académie des Inscriptions et Belles-Lettres, du Centre National de la Recherche Scientifique et de la Fondation Calouste Gulbenkian), 1.035 pp., 1990. Prix: 1980 FB. ISBN tome I: 90-6831-251-0; tome II: 90-6831-252-9.
Cet ouvrage étudie une classe d'adjectifs grecs assez peu nombreuse (une quarantaine d'unités), mais remarquable par la cohérence de son fonctionnement, notamment l'aptitude à former des couples antonymiques. On y montre en outre que ces adjectifs, hérités pour la plupart, fournissent une riche matière à la recherche étymologique et jouent un rôle important dans la reconstruction du lexique indo-européen.

BCILL 56: **A. SZULMAJSTER-CELNIKIER**, *Le yidich à travers la chanson populaire. Les éléments non germaniques du yidich*, 276 pp., 22 photos, 1991. Prix: 1490 FB. ISBN 90-6831-333-9.

BCILL 57: *Anthropo-logiques 3* (1991), 204 pp., 1991. Prix: 695 FB. ISBN 90-6831-345-2.

Les textes de ce troisième numéro d'*Anthropo-logiques* ont en commun de chercher épistémologiquement à déconstruire les phénomènes pour en cerner le fondement. Ils abordent dans leur spécificité humaine le langage, l'expression numérale, la relation clinique, le corps, l'autisme et les psychoses infantiles.

BCILL 58: **G. JUCQUOIS-P. SWIGGERS** (éd.), *Le comparatisme devant le miroir*, 155 pp., 1991. Prix: 540 FB. ISBN 90-6831-363-0.
Dix articles de E. Gilissen, G.-G. Granger, C. Hagège, G. Jucquois, H.G. Moreira Freire de Morais Barroco, P. Swiggers, M. Van Overbeke.

BCILL 59: *Hethitica XI*, 136 pp., 1992. Prix: 440 FB. ISBN 90-6831-394-0.
Six articles de T.R. Bryce, S. de Martino, J. Freu, R. Lebrun, M. Mazoyer et E. Neu.

BCILL 60: **A. GOOSSE**, *Mélanges de grammaire et de lexicologie françaises*, XXVIII-450 pp., 1991. Prix: 1.600 FB. ISBN 90-6831-373-8.
Ce volume réunit un choix d'études de grammaire et de lexicologie françaises d'A. Goosse. Il est publié par ses collègues et collaborateurs à l'Université Catholique de Louvain à l'occasion de son accession à l'éméritat.

BCILL 61: **Y. DUHOUX**, *Le verbe grec ancien. Éléments de morphologie et de syntaxe historiques*, 549 pp., 1992. Prix: 1650 FB. ISBN 90-6831-387-8.
Ce livre étudie la structure et l'histoire du système verbal grec ancien. Menées dans une optique structuraliste, les descriptions morphologiques et syntaxiques sont toujours associées, de manière à s'éclairer mutuellement. Une attention particulière a été consacrée à la délicate question de l'aspect verbal. Les données quantitatives ont été systématiquement traitées, grâce à un *corpus* de plus de 100.000 formes verbales s'échelonnant depuis Homère jusqu'au IVe siècle avant J.-C.

BCILL 62: **D. da CUNHA**, *Discours rapporté et circulation de la parole*, 1992, 231 pp., Prix: 740 FB. ISBN 90-6831-401-7.
L'analyse pragmatique de la circulation de la parole entre un discours source, six rapporteurs et un interlocuteur montre que le discours rapporté ne peut se réduire aux styles direct, indirect et indirect libre. Par sa façon de reprendre les propos qu'il cite, chaque rapporteur privilégie une variante personnelle dans laquelle il leur prête sa voix, allant jusqu'à forger des citations pour mieux justifier son propre discours.

BCILL 63: **A. OUZOUNIAN**, *Le discours rapporté en arménien classique*, 1992, 300 pp., Prix: 990 FB. ISBN 90-6831-456-4.

BCILL 64: **B. PEETERS**, *Diachronie, Phonologie et Linguistique fonctionnelle*, 1992, 194 pp., Prix: 785 FB. ISBN 90-6831-402-5.

BCILL 65: **A. PIETTE**, *Le mode mineur de la réalité. Paradoxes et photographies en anthropologie*, 1992, 117 pp., Prix: 672 FB. ISBN 90-6831-442-4.

BCILL 66: **Ph. BLANCHET** (éd.), *Nos langues et l'unité de l'Europe. Actes des Colloques de Fleury (Normandie) et Maiano (Prouvènço)*, 1992, 113 pp., Prix: 400 FB. ISBN 90-6831-439-4.
Ce volume envisage les problèmes posés par la prise en compte de la diversité linguistique dans la constitution de l'Europe. Universitaires, enseignants, écrivains,

hommes politiques, responsables de structures éducatives, économistes, animateurs d'associations de promotion des cultures régionales présentent ici un vaste panorama des langues d'Europe et de leur gestion socio-politique.

BCILL 67: *Anthropo-logiques* 4, 1992, 155 pp., Prix: 540 FB. ISBN 90-6831-464-5.
Une fois encore, l'unité du propos de ce numéro d'*Anthropo-logiques* ne tient pas tant à l'objet — bien qu'il soit relativement circonscrit: l'humain (on étudie ici la faculté de concevoir, la servitude du vouloir, la dépendance de l'infantile et la parenté) — qu'à la méthode, dont les deux caractères principaux sont justement les plus malaisés à conjoindre: une approche dialectique et analytique.

BCILL 68: **L. BEHEYDT (red.)**, *Taal en leren. Een bundel artikelen aangeboden aan prof. dr. E. Nieuwborg*, X-211 pp., 1993. Prix: 795 FB. ISBN 90-6831-476-9.
Deze bundel, die helemaal gewijd is aan toegepaste taalkunde en vreemde-talenonderwijs, bestaat uit vijf delen. Een eerste deel gaat over evaluatie in het v.t.-onderwijs. Een tweede deel betreft taalkundige analyses in functie van het v.t.-onderwijs. Een derde deel bevat contrastieve studies terwijl een vierde deel over methodiek gaat. Het laatste deel, ten slotte, is gericht op het verband taal en cultuur.

BCILL 69: **G. JUCQUOIS**, *Le comparatisme, t. 2: Émergence d'une méthode*, 208 pp., 1993. Prix: 730 FB. ISBN 90-6831-482-3, ISBN 2-87723-053-0.
Les modifications majeures qui caractérisent le passage de l'Ancien Régime à l'époque contemporaine se produisent initialement dans les sciences du vivant. Celles-ci s'élaborent, du XVIIIe au XXe siècle, par la progressive prise en compte du changement et du mouvement. Les sciences biologiques deviendront ainsi la matrice constitutive des sciences de l'homme par le moyen d'une méthodologie, comparative pour ces dernières et génétique pour les premières.

BCILL 70: *DE VSV, Études de syntaxe latine offertes en hommage à Marius Lavency, édité par* **D. LONGRÉE**, préface de G. SERBAT, 365 pp., 1995. Prix: 1.290 FB. ISBN 90-6831-481-5, ISBN 2-87723-054-6.
Ce volume, offert en hommage à Marius Lavency, professeur émérite à l'Université Catholique de Louvain, réunit vingt-six contributions illustrant les principales tendances des recherches récentes en syntaxe latine. Partageant un objectif commun avec les travaux de Marius Lavency, ces études tendent à décrire «l'usage» des auteurs dans ses multiples aspects: emplois des cas et des tournures prépositionnelles, oppositions modales et fonctionnements des propositions subordonnées, mécanismes diaphoriques et processus de référence au sujet, structures des phrases complexes... Elles soulignent la complémentarité des descriptions syntaxiques et des recherches lexicologiques, sémantiques, pragmatiques ou stylistisques. Elles mettent à nouveau en évidence les nombreuses interactions de la linguistique latine et de la linguistique générale.

BCILL 71: **J. PEKELDER**, *Conventies en Functies. Aspecten van binominale woordgroepen in het hedendaagse Nederlands*, 245 pp., 1993. Prix: 860 FB. ISBN 90-6831-500-5.
In deze studie wordt aangetoond dat een strikt onderscheid tussen lexicale en lineaire **conventies** enerzijds en lexicale en lineaire **functies** anderzijds tot meer inzicht leidt in de verschillende rollen die syntactische en niet-syntactische functies spelen bij de interpretatie van binominale woordgroepen met *van* in het hedendaagse Nederlands.

BCILL 72: **H. VAN HOOF**, *Dictionnaire des éponymes médicaux français-anglais*, 407 pp., 1993. Prix: 1425 FB. ISBN 90-6831-510-2, ISBN 2-87723-071-6.
Les éponymes constituent un problème particulier du labyrinthe synonymique médical, phénomène dont se plaignent les médecins eux-mêmes et qui place le traducteur devant d'innombrables problèmes d'identification des équivalences. Le présent dictionnaire, précédé d'une étude typologique, s'efforce par ses quelque 20.000 entrées de résoudre la plupart de ces difficultés.

BCILL 73: **C. VIELLE - P. SWIGGERS - G. JUCQUOIS** *éds, Comparatisme, mythologies, langages en hommage à Claude Lévi-Strauss*, 454 pp., 1994. Prix: 1600 FB. ISBN 90-6831-586-2, ISBN 2-87723-130-5.
Ce volume offert à Claude Lévi-Strauss à l'occasion de ses quatre-vingt-cinq ans réunit des études mythologiques, linguistiques et/ou comparatives de Ph. Blanchet, A. Delobelle, E. Désveaux, B. Devlieger, D. Dubuisson, F. François, J.C. Gomes da Silva, J. Guiart, G. Jucquois, M. Mahmoudian, J.-Y. Maleuvre, H.B. Rosén, Cl. Sandoz, B. Sergent, P. Swiggers et C. Veille.

BCILL 74: **J. RAISON - M. POPE**, *Corpus transnuméré du linéaire A*, deuxième édition, 337 pp., 1994. Prix: 1180 FB. ISBN 90-6831-561-7, ISBN 2-87723-115-1.
La deuxième édition de ce *Corpus* livre le texte de tous les documents linéaire A publiés à la fin de 1993, rassemblés en un volume maniable. Elle conserve la numérotation des signes utilisée en 1980, autorisant ainsi l'utilisation aisée de toute la bibliographie antérieure. Elle joint à l'édition proprement dite de précieuses notices sur l'archéologie, le lieu précis de trouvaille, la datation, etc.

BCILL 75: *Florilegium Historiographiae Linguisticae. Études d'historiographie de la linguistique et de grammaire comparée à la mémoire de Maurice Leroy*, édité par **J. DE CLERCQ** et **P. DESMET**, 512 pp., 1994. Prix: 1800,- FB. ISBN 90-6831-578-1, ISBN 2-87723-125-9.
Vingt-neuf articles illustrent des questions d'histoire de la linguistique et de grammaire comparée en hommage à l'auteur des *Grands courants de la linguistique moderne*.

BCILL 76: *Plurilinguisme et Identité culturelle, Actes des Assises européennes pour une Éducation plurilingue (Luxembourg)*, édités par **G. DONDENLIGER** et **A. WENGLER**, 185 pp., 1994. Prix: 650,- FB. ISBN 90-6831-587-0, ISBN 2-87723-131-3.
Comment faciliter la communication entre les citoyens de toute l'Europe géographique et humaine, avec le souci de préserver, en même temps, l'indispensable pluralisme de langues et de cultures? Les textes réunis dans ce volume montrent des démarches fort diverses, souvent ajustées à une région, mais qui mériteraient certainement d'être adaptées à des situations analogues.

BCILL 77: **H. VAN HOOF,** *Petite histoire des dictionnaires*, 129 pp., 1994, 450 FB. ISBN 90-6831-630-3, ISBN 2-87723-149-6.
Les dictionnaires sont des auxiliaires tellement familiers du paysage éducatif que l'on ne songe plus guère à leurs origines. Dépositaires de la langue d'une communauté (dictionnaires unilingues), instruments de la communication entre communautés de langues différentes (dictionnaires bilingues) ou répertoires pour spécialistes des disciplines les plus variées (dictionnaires unilingues ou polyglottes), tous ont une histoire

dont l'auteur retrace les étapes depuis des temps parfois très reculés jusqu'à nos jours, avec la naissance des dictionnaires électroniques.

BCILL 78: *Hethitica XII*, 85 pp., 1994. Prix: 300 FB. ISBN 90-6831-651-6, ISBN 2-87723-170-4.
Six articles de R. Haase, W. Helck, J. Klinger, R. Lebrun, K. Shields.

BCILL 79: **J. GAGNEPAIN**, *Leçons d'introduction à la théorie de la médiation*, 304 pp. Prix: 990 FB. ISBN 90-6831-621-4, ISBN 2-87723-143-7.
Ce volume reproduit les leçons données par Jean Gagnepain à l'UCL en 1993. Le modèle de l'anthropologie clinique y est exposé dans sa globalité et d'une manière particulièrement vivante. Ces leçons constituent une excellente introduction à l'ensemble des travaux médiationnistes de l'auteur.

BCILL 80: **C. TOURATIER**, *Syntaxe Latine*, LXII-754 pp. Prix: 3.900 FB. ISBN 90-6831-474-2, ISBN 2-87723-051-1.

BCILL 81: **Sv. VOGELEER** (éd.), *L'interprétation du texte et la traduction*, 178 pp., 1995. Prix: 625 FB. ISBN 90-6831-688-5, ISBN 2-87723-189-5.
Les articles réunis dans ce volume traitent de l'interprétation du texte (textes littéraires et spécialisés), envisagée dans une optique unilingue ou par rapport à la traduction, et de la description et l'enseignement de langues de domaines sémantiques restreints.

BCILL 82: **Cl. BRIXHE**, *Phonétique et phonologie du grec ancien* I. *Quelques grandes questions*, 162 pp., 1996. Prix: 640 FB. ISBN 90-6831-807-1, ISBN 2-87723-215-8.
Ce livre correspond au premier volume de ce qui devrait être, surtout pour le consonantisme, une sorte d'introduction à la phonétique et à la phonologie du grec ancien. Le recours combiné à la phonétique générale, au structuralisme classique et à la sociolinguistique permet de mettre en évidence des variations géographiques, possibles ou probables, dans le grec dit «méridional» du second millénaire et de proposer, entre autres, des solutions originales pour les grandes questions soulevées par le consonantisme du mycénien et des dialectes alphabétiques.

BCILL 83: ***Anthropo-logiques*** 6 (1995): *Quel «discours de la méthode» pour les Sciences humaines? Un état des lieux de l'anthropologie clinique. Actes du 3e Colloque international d'anthropologie clinique (Louvain-la-Neuve - Novembre 1993)*, IV-278 pp., 990 FB. ISBN 90-6831-821-7, ISBN 2-87723-225-5.
Dans une perspective résolument transdisciplinaire, des spécialistes s'interrogent ensemble sur la méthode clinique en sciences humaines et sur ses enjeux épistémologiques. Les textes portent sur l'esthétique poétique et plastique, les perturbations neurologiques affectant l'organisation du temps, de l'espace et des liens sociaux, les rapports entre crise sociale et crise personnelle, le sort de l'éthique et de la morale dans les névroses, l'enfance et l'épistémologie. Le volume constitue un excellent état des lieux des travaux actuels en anthropologie clinique.

BCILL 84: **D. DUBUISSON**, *Anthropologie poétique. Esquisses pour une anthropologie du texte*, IV-159 pp., 1996. Prix: 600 FB. ISBN 90-6831-830-6, ISBN 2-87723-231-X.

Afin d'éloigner le *texte* des apories et des impasses dans lesquelles le retiennent les linguistiques et les rhétoriques «analytiques», l'auteur propose de fonder sur lui une véritable *anthropologie poétique* qui, à la différence des démarches précédentes, accorde la plus grande attention à la nécessaire vocation cosmographique de la *fonction textuelle*.

BCILL 85: *Hethitica XIII*, 72 pp., Louvain-la-Neuve, Peeters, 1996. Prix: 600 FB. ISBN 90-6831-899-3.
Cinq articles de M. Forlanini, J. Freu, R. Lebrun, E. Neu.

SÉRIE PÉDAGOGIQUE DE L'INSTITUT DE LINGUISTIQUE DE LOUVAIN (SPILL)

SPILL 1: **G. JUCQUOIS,** avec la Collaboration de **J. LEUSE**, *Conventions pour la présentation d'un texte scientifique*, 1978, 54 pp. (épuisé).

SPILL 2: **G. JUCQUOIS,** *Projet pour un traité de linguistique différentielle*, 1978, 67 pp. Prix: 170,- FB.Exposé succinct destiné à de régulières mises à jour de l'ensemble des projets et des travaux en cours dans une perspective différentielle au sein de l'Institut de Linguistique de Louvain.

SPILL 3: **G. JUCQUOIS,** *Additions 1978 au «Projet pour un traité de linguistique différentielle»*, 1978, 25 pp. Prix: 70,- FB.

SPILL 4: **G. JUCQUOIS,** *Paradigmes du vieux-slave*, 1979, 33 pp. (épuisé).

SPILL 5: **W. BAL - J. GERMAIN,** *Guide de linguistique*, 1979, 108 pp. Prix: 275,- FB. Destiné à tous ceux qui désirent s'initier à la linguistique moderne, ce guide joint à un exposé des notions fondamentales et des connexions interdisciplinaires de cette science une substantielle documentation bibliographique sélective, à jour, classée systématiquement et dont la consultation est encore facilitée par un index détaillé.

SPILL 6: **G. JUCQUOIS - J. LEUSE,** *Ouvrages encyclopédiques et terminologiques en sciences humaines*, 1980, 66 pp. Prix: 165,- FB.
Brochure destinée à permettre une première orientation dans le domaine des diverses sciences de l'homme. Trois sortes de travaux y sont signalés: ouvrages de terminologie, ouvrages d'introduction, et ouvrages de type encyclopédique.

SPILL 7: **D. DONNET,** *Paradigmes et résumé de grammaire sanskrite*, 64 pp., 1980. Prix: 160,- FB.
Dans cette brochure, qui sert de support à un cours d'initiation, sont envisagés: les règles du sandhi externe et interne, les paradigmes nominaux et verbaux, les principes et les classifications de la composition nominale.

SPILL 8-9: **L; DEROY,** *Padaśas. Manuel pour commencer l'étude du sanskrit même sans maître*, 2 vol., 203 + 160 pp., 2e éd., 1984. Epuisé.

SPILL 10: *Langage ordinaire et philosophie chez le second WITTGENSTEIN. Séminaire de philosophie du langage 1979-1980*, **édité par J.F. MALHERBE,** 139 pp., 1980. Prix: 350,- FB. ISBN 2-87077-014-6.
Si, comme le soutenait Wittgenstein, **la signification c'est l'usage,** c'est en étudiant l'usage d'un certain nombre de termes clés de la langue du philosophe que l'on pourra, par-delà le découpage de sa pensée en aphorismes, tenter une synthèse de quelques thèmes majeurs des **investigations philosophiques.**

SPILL 11: **J.M. PIERRET,** *Phonétique du français. Notions de phonétique générale et phonétique du français*, V-245 pp. + 4 pp. hors texte, 1985. Prix: 550,- FB. ISBN 2-87077-018-9.
Ouvrage d'initiation aux principaux problèmes de la phonétique générale et de la phonétique du français. Il étudie, en outre, dans une section de phonétique historique, l'évolution des sons, du latin au français moderne.

SPILL 12: **Y. DUHOUX,** *Introduction aux dialectes grecs anciens. Problèmes et méthodes. Recueil de textes traduits*, 111 pp., 1983. Prix: 280,- FB. ISBN 2-87077-177-0.
Ce petit livre est destiné aux étudiants, professeurs de grec et lecteurs cultivés désireux de s'initier à la dialectologie grecque ancienne: description des parlers; classification dialectale; reconstitution de la préhistoire du grec. Quatorze cartes et tableaux illustrent l'exposé, qui est complété par une bibliographie succincte. La deuxième partie de l'ouvrage rassemble soixante-huit courtes inscriptions dialectales traduites et accompagnées de leur bibliographie.

SPILL 13: **G. JUCQUOIS**, *Le travail de fin d'études. Buts, méthode, présentation*, 82 pp., 1984. (épuisé).

SPILL 14: **J, VAN ROEY,** *French-English Contrastive Lexicology. An Introduction*, 145 pp., 1990. Prix: 460,- FB. ISBN 90-6831-269-3.
This textbook covers more than its title suggests. While it is essentially devoted to the comparative study of the French and English vocabularies, with special emphasis on the deceptiveness of alleged transformational equivalence, the first part of the book familiarizes the student with the basic problems of lexical semantics.

SPILL 15: **Ph. BLANCHET,** *Le provençal. Essai de description sociolinguistique et différentielle*, 224 pp., 1992. Prix: 740,- FB. ISBN 90-6831-428-9.
Ce volume propose aux spécialistes une description scientifique interdisciplinaire cherchant à être consciente de sa démarche et à tous, grand public compris, pour la première fois, un ensemble d'informations permettant de se faire une idée de ce qu'est la langue de la Provence.

SPILL 16: **T. AKAMATSU,** *Essentials of Functional Phonology*, with a Foreword by André MARTINET, XI-193 pp., 1992. Prix: 680 FB. ISBN 90-6831-0.
This book is intended to provide a panorama of *synchronic functional phonology* as currently practised by the author who is closely associated with André Martinet, the most distinguished leader of functional linguistics of our day. Functional phonology studies the phonic substance of languages in terms of the various functions it fulfils in the process of language communication.

SPILL 17: **C.M. FAÏK-NZUJI,** *Éléments de phonologie et de morphophonologie des langues bantu*, 163 pp., 1992. Prix: 550 FB. ISBN 90-6831-440-8.
En cinq brefs chapitres, cet ouvrage présente, de façon claire et systématique, les notions élémentaires de la phonologie et de la morphophonologie des langues de la famille linguistique bantu. Une de ses originalités réside dans ses *Annexes et Documents*, où sont réunis quelques systèmes africains d'écriture ainsi que quelques principes concrets pour une orthographe fonctionnelle des langues bantu du Zaïre.

SPILL 18: **P. GODIN — P. OSTYN — Fr. DEGREEF,** *La pratique du néerlandais avec ou sans maître*, 368 pp., 1993. Prix: 1250 FB. ISBN 90-6831-528-5.
Cet ouvrage a pour objectif de répondre aux principales questions de grammaire et d'usage que se pose l'apprenant francophone de niveau intermédiaire et avancé. Il comprend les parties suivantes: 1. Prononciation et orthographe; 2. Morphologie; 3. Syntaxe et sémantique; 4. Usage. Il peut être utilisé aussi bien en situation d'auto-apprentissage qu'en classe grâce à une présentation de la matière particulièrement soignée d'un point de vue pédagogique: organisation modulaire, nombreux exemples, explications en français, traduction des mots moins fréquents, et «last but not least», un index très soigné.

SPILL 19: **J.-M. PIERRET,** *Phonétique historique du français et Notions de phonétique générale*. Nouvelle édition, XIII-247 pages; 4 pages hors-texte, 1994. Prix: 920 FB. ISBN 90-6831-608-7
Nouvelle édition, entièrement revue, d'un manuel destiné aux étudiants et aux lecteurs cultivés désireux de s'initier à la phonétique et à l'histoire de la prononciation du français, cet ouvrage est constitué de deux grandes parties: une initiation à la phonétique générale et un panorama de la phonétique historique du français. Il contient de nombreuses illustrations et trois index: un index analytique contenant tous les termes techniques utilisés, un index des étymons et un index des mots français cités dans la partie historique.